北京文博

文丛

二〇二一年第四辑

北京市文物局　编

图书在版编目（CIP）数据

北京文博文丛. 2021. 第4辑 / 《北京文博》编辑部编. -- 北京 : 北京燕山出版社, 2022.3

ISBN 978-7-5402-6413-0

Ⅰ. ①北… Ⅱ. ①北… Ⅲ. ①文物工作 – 北京 – 丛刊 ②博物馆 – 工作 – 北京 – 丛刊 Ⅳ. ①G269.271-55

中国版本图书馆CIP数据核字(2022)第073093号

北京文博文丛·2021·第4辑

出版发行：北京燕山出版社有限公司

社　　址：北京市丰台区东铁匠营苇子坑138号C座　100079

责任编辑：郭　悦　　任　臻

版式设计：肖　晓

印　　刷：北京兰星球彩色印刷有限公司

开　　本：787mm×1092mm　1/16

印　　张：8

字　　数：181千字

版　　次：2022年3月第1版

印　　次：2022年3月第1次印刷

ISBN 978-7-5402-6413-0

定　　价：48.00元

北京文博

2021年第4辑（总106期）

北京史地

1 唐幽州城“北市”的留痕
鲁晓帆

8 石景山区红色资源概述
苗天娥

文物研究

17 房山区上方山《佛说四十二章经》刻石
刘卫东

25 首都博物馆藏《颐和园建筑图》初探
李 晴

31 颐和园画中游建筑群历史沿革及造园艺术浅析
张 颖

考古研究

38 北京市延庆区民主村唐墓发掘简报
北京市文物研究所

43 北京市朝阳区小红门金代墓葬发掘简报
北京市文物研究所

50 中国政法大学清代墓葬发掘简报
北京市文物研究所

59 浅淡北京地区东汉魏晋墓葬考古中需要注意的几个问题
张利芳 张中华

博物馆研究

72 国内博物馆策展人制度理论与实践调查研究
陈克双

主办单位：北京市文物局

编辑出版：《北京文博》编辑部

北京燕山出版社

网址：http://wwj.beijing.gov.cn

邮箱：bjwb1995@126.com

目录 | Contents

83 **北京市大葆台西汉墓博物馆教育学课程设计的研究与实施**
潘 婵

文物保护

88 **首都博物馆馆藏青铜器科技与传统融合保护修复浅述**
高新峰

95 **北京通州区潞城镇后屯村战国墓出土玉石器的无损科技分析**
杨 菊 刘风亮 刘乃涛

108 **大高玄殿乾元阁修缮设计研究**
赵 星

文献资料

120 **《北京文博文丛》2021年总目录**

声明

Beijing Cultural Relics and Museums

No. 4, 2021

HISTORY AND GEOGRAPHY OF BEIJING

1 The Left Vestige of the "North Market" in Youzhou City of Tang Dynasty
by Lu Xiaofan

8 An Overview of Red Resources in Shijingshan District
by Miao Tian'e

CULTURAL RELICS RESEARCH

17 *Buddha's Forty-Two Chapters Sutra* Carved Stone in the Shangfang Mountain in Fangshan District
by Liu Weidong

25 Preliminary Study of *Architectural Drawing of the Summer Palace* Collected in the Capital Museum
by Li Qing

31 Elementary Analysis of Historical Evolution and Gardening Art of the Huazhongyou Buildings of the Summer Palace
by Zhang Ying

ARCHAEOLOGICAL RESEARCH

38 Brief Report of Excavation of Tomb of Tang Dynasty in Minzhu Village,Yanqing District,Beijing City
by Beijing Cultural Relics Research Institute

43 Brief Report of Excavation of Tomb of Jin Dynasty in Xiaohongmen,Chaoyang District,Beijing City
by Beijing Cultural Relics Research Institute

50 Brief Report of Excavation of Tomb of Qing Dynasty in China University of Political Science and Law
by Beijing Cultural Relics Research Institute

59 On Several Problems to Pay Attention to in the Tomb Archaeology of the Eastern Han, Wei and Jin Dynasties in Beijing Area
by Zhang Lifang,Zhang Zhonghua

MUSEOLOGY RESEARCH

72 Investigation and Research of Theory and Practice of Curator System in the Domestic Museum
by Chen Keshuang

83 Research and Implementation of Pedagogy Curriculum Design in the Beijing Dabaotai Western Han Tomb Museum
by Pan Chan

Organizer: Beijing Municipal Administration Bureau of Cultural Heritage

Edited and Published by the Editorial Department of Beijing Wen Bo, Beijing Yanshan Press

URL:http://wwj.beijing.gov.cn

E-mail: bjwb1995@126.com

目录 | Contents

CULTURAL RELICS PROTECTION

88 On the Protection and Restoration of Bronzes Collected in the Capital Museum by the Integration of Science and Technology and Tradition

by Gao Xinfeng

95 Nondestructive Scientific and Technological Analysis of Jade and Stone Objects Unearthed from the Tomb of Warring States Period in Houtun Village, Lucheng Town, Tongzhou District, Beijing

by Yang Ju,Liu Fengliang,Liu Naitao

108 Research of the Repair Design of Qianyuan Pavilion in Dagao XuanDian

by Zhao Xing

DOCUMENTS AND MATERIALS

120 Comprehensive Table of Contents of Beijing Cultural Relics and Museums in 2021

唐幽州城“北市”的留痕

鲁晓帆

《北京文物精粹大系•石刻卷》中收录了一合2000年在丰台区右安门外开阳里小区出土的唐代王道墓志①。据悉，该墓志为青石质地，高、广均为54厘米，厚7.5厘米。志文楷书，首题“大唐故幽州市丞骑都尉王君墓志铭并序”，计有27行，满行26字，全文共计691字。此志石虽未留下书刻者的名讳，但书风却保存了魏碑、隋碑的笔意，用笔劲挺有力，布局舒朗宁阔，甚至有些字迹还略带有行书的意味（图一）。

图一 唐王道墓志

志盖为盝顶形，正中篆书“王君墓志”4字。其四面斜坡上雕刻有非常罕见且极为精美的蝙蝠状花纹，四周还雕刻有连缠枝花纹（图二），这有别于其他唐墓志盖上常见的十二生肖像或怀抱十二生肖文臣立像等。志石现收藏于北京市文物研究所。根据墓志记载，其为唐上元三年（676）上石，是北京地区现已出土且为数不多的唐代早期墓志铭。

图二 唐王道墓志盖

此志记载了唐幽州城内“北市”的盛况，是唐幽州城内市场贸易的真实写照。为使读者能够对照认知，特录志文（」符号为原志文换行，本文试加标点）如下，并加以考证，以飨读者。

王君」墓誌

大唐故幽州市丞、騎都尉王君墓誌銘并序」

君諱道，字師貴，家本并州太原人也，因官住此，故今為薊縣人也。

粤」若伊浦流禎，仙鶴締其綿緒；華閩隤祉，神凫濙其洪苗。忠以膽成，挺」龍筠而警節；孝自心發，表冰魚以示誠。自兹厥後，英靈允屬。鬱國史」以騰芬，焕家諜而飛彩。祖達，隨任大都督。蕙畹流芳，松門秀節。澮珠」輝於驪霓，浮魡彩於龍川。父行，皇朝任德閏府旅帥。雲甸涵姿，霞」墉搆粹。堪黃陂於萬頃，聳嵇嶠於千尋。夙稟雄謀，愸藝符於劍説；早」參戎律，奇策叶於兵韜。惟君上善疏靈，中和毓質，翥青田而理翰，浮」赤野以生姿。故能挺譽髫初，倚玄林於談戟；標名綺歲，照丹旭於詞」鋒。騫鷩鵲顧之奇，泣三危於箏海；吐凰雕龍之異，絢四照於文園。龍」劍星浮，剸文犀於蓮鍔；蛇弓月上，彈仙兔於桂輪。雅韻外揚，共霜鐘」而均響；清襟內湛，與月鏡而齊昭。乾封元年任本縣錄事，俄遷州倉」曆，又任州錄事。朔野欽風，燕郊仰德。剖疑析滯，錙銖靡遺；擿伏澄奸」，毫厘無舛。上元元年轉任州市丞。雲閣叅霞，煙樓跨日。鶴綾霜淨，鵕」錦星輝。去馬喧喧，侶浮雲而縱影；來車轔轔，控流水以飛音。蓮蔡凝」雲，近對公明之肆；桂樽浮月，俯暎相如之壚。詭詐煙擾，奸訛霧集，公」示以忠誠，誨其德義。駔儈遷善，商豎欽風。每至錦絢桃原，花莊菊岸。」珠泉瀉月，鏡浦涵星，莫不酒閣瀲霞，歌筵奏雪。葉陳遵之禮客，符鄭」莊之好賢。而桑井示徵，蘭庭起釁，玄穹斯昧，奄及摧梁，春秋五十。以」上元三年九月六日，終於私第。夫人張氏，白水疏瀾，珠星流慶，蕙儀」夙茂，蘭性早芬。不意洛渚神姿，隨夜川而永逝；巫台仙影，与暮雨而」無歸。以上元三年歲次景子九月景寅朔十四日己亥，合葬於薊城」南三里平原，禮也。息玄恪痛貫鑿楹，悲深手澤，懼桑田之遷，眢敢題」芳於玄石。其銘曰：

笙渚遙源，壽丘曾搆，杞梓標哲，珪璜挺秀。光舍」堇嶺，節披稽岫，翔芬家諜，騰芳國籀。寔生懿哲，玉潤珠鮮，凝姿赤野，」犠翮青田。詞峯照月，智岸飛泉，摶雲峻上，擊水曾骞。彼蒼不憖，殲此」貞良，蘭皋銷馥，桂薄沉芳。楸埏閟色，松帳凝光，刊兹貞琬，地久天長。」

志云："君讳道，字师贵，家本并州太原人也。因官住此，故今为蓟县人也。"结合志盖"王君墓志"可知，墓主人是籍贯为并州太原的王道，因为做官到了幽州城，所以在这里称作蓟县（幽州）人。《新唐书•地理三》载："太原府太原郡，本并州，开元十一年为府。"又载："幽州范阳郡，大都督府。本涿郡，天宝元年更名。……蓟，望。"[②]《元和姓纂》载："王姓，出太原、琅琊，周灵王太子晋之后。"[③]《新校互注宋本广韵》载："王姓廿一望，以太原、琅邪为最著。"[④]志与史载相同。

志云："祖达，随任大都督。蕙畹流芳，松门秀节。澮珠辉於骊霓，浮魡彩於龙川。"隋文帝杨坚之父杨忠曾被北周封为"随国公"，后杨坚袭此封爵，并在夺得政权后立国号为"随"。但其又认为"随"有走的意思，恐不吉祥，遂改为"隋"字。"大都督"一职在《隋书•百官下》有载："高祖又采后周之制，置上柱国、柱国、上大将军、大将军、上开府仪同三司、开府仪同三司、上仪同三司、仪同三司、大都督、帅都督、都督，总十一等，以酬勤劳。"[⑤]这里是说王道的祖父王达在隋时任大都督，是对有功之臣的一种奖励。

志云："父行，皇朝任德闰府旅帅。云甸涵姿，霞墉构粹。堪黄陂於万顷，耸嵇峤於千寻。夙禀雄谋，愸艺符於剑说；早参戎律，奇策叶於兵韬。"王道的父亲王行是唐德闰府的旅帅。《新唐书•地理三》载："幽州范阳郡，大都督府。……县九：有府十四，曰吕平、涿城、德闻、潞城……良杜、咸宁。"[⑥]有"德闻"府而没有"德闰"府。据河南洛阳出土的唐龙朔二年（662）《唐高捧墓志铭》，其首题为"唐故右卫德润府左果毅都尉上柱国高公墓志铭并序”⑦。现收藏在廊坊市博物馆、雕刻于唐垂拱四年（688）的“大唐幽州隆福寺长明灯楼”，在其身留存的众多题记中有“长明灯楼主德闰府队正上骑都尉”的字迹。从以上记载可知，《新唐书》所记幽州“德闻”府实为“德闰”府之讹，王道墓志的出土又为此增添了一个纠正实例。

志云：“惟君上善疏灵，中和毓质。翥青田而理翰，浮赤野以生姿。故能挺誉髫初，倚玄林於谈戟；标名绮岁，照丹旭於词锋。”这里“上善”即极致的完美，《老子•道德经》载：“上善若水，水善利万物而不争”。而“中和”即谓中正平和，《荀子•王制》载：“公平者职之衡也，中和者听之绳也”⑧。这“毓质”即与生俱来的天性。而“翥青田而理翰，浮赤野以生姿”即是“赤野生姿青田矫翰”的异写，《镇军大将军行左鹰扬卫大将军兼贺兰州都督上柱国凉国公契苾府君碑铭》中有“公赤野生姿，青田矫翰。家畜古贤之操，门传高士之节”的记载⑨。这里“赤野”是谓酷热干旱的田野。“生姿”是形容美好的姿态。“青田”即没成熟的庄稼。“玄林”是指幽深的树林。汉代马融《广成颂》载：“其植物则玄林包竹，藩陵蔽京”⑩。志文在这里说王道有着极致完美的天赋，中正平和的心态是其与生俱来的天性。虽然这时他还显得非常的青涩，但心中却荡漾着美好的憧憬。所以，他能够在青年时就心怀理想出仕，到广阔幽深的社会中与人去争斗。他舍弃自己的名誉与青春，用满腔的热血化作犀利的笔锋去战斗。

志云：“鸾惊鹊顾之奇，泣三危於筝海；吐凰雕龙之异，绚四照於文园。”这里“鸾惊鹊顾”是谓书法精美。唐代李商隐《九成宫》诗曰：“荔枝卢橘沾恩幸，鸾鹊天书湿紫泥。”而“三危”在《淮南子•人间训》载：“天下有三危：少德多宠，一危也；才下而位高，二危也；身无大功而受厚禄，三危也。”⑪“吐凰雕龙”比喻善于修饰文辞。“文园”指汉文帝的陵园，后也泛指陵园或园林。因为司马相如曾任文园令，以后又以文园代指文人。志文在这里说王道不仅书法功底深厚，而且善于修饰文辞，绚丽多彩的诗句，不亚于当时的文人墨客。

志云：“龙剑星浮，剸文犀於莲锷；蛇弓月上，弹仙兔於桂轮。雅韵外扬，共霜钟而均响；清襟内湛，与月镜而齐昭。”这里“文犀”指有纹理的犀角。《后汉书•马援传》载：“及卒后，有上书谮之者，以为前所载还，皆明珠文犀。”⑫这里“莲锷”是指莲花形的凸纹，亦指锋利的宝剑。“蛇弓”是指弓形弯曲如蛇状，故名。唐代杨炯《紫骝马》诗云：“蛇弓白羽箭，鹤辔赤茸鞦。”而“仙兔”是指在月宫里与嫦娥为伴的兔子，亦是指月亮。而这“桂轮”是相传月中有桂树，亦称月亮。这里“雅韵”是指优雅的音韵。“霜钟”是指钟声。《山海经•中山经》载：“（丰山）有九钟焉，是知霜鸣。”郭璞注：“霜降则钟鸣，故言知也。”⑬这里“月镜”是石镜名。因石白如月色，故名。晋代王嘉《拾遗记•周灵王》载：“时异方贡玉人、石镜，此石色白如月，照面如雪，谓之‘月镜’。”志文在这里是说王道使用的宝剑非常锋利，能在犀牛角上刻出莲花状的花纹。其搭弓射箭的力度，能够射下在月亮上与嫦娥做伴的仙兔。他的优雅声音如同洪亮的钟声，而心中积累的志向愈发地清晰可见。

志云：“乾封元年任本县录事，俄迁州仓历，又任州录事。朔野钦风，燕郊仰德。剖疑析滞，锱铢靡遗；擿伏澄奸，毫厘无舛。上元元年转任州市丞。”这里“本县”就是指蓟县。“蓟，州所治。古之燕国都。汉为蓟县，属广阳国。晋置幽州，慕容隽称燕，皆治于此。自晋至隋，幽州刺史皆以蓟为治所”⑭。据《新唐书•百官志》载：“贞观初，诸县置录事。”又记：上州设“录事参军事一人，从七品上；录事二人，从九品下。”又云：大都督府“市令一人，从九品上。掌交易，禁奸非，通判市事。贞观十七年废市令。垂拱元年复置。都督府、三都、诸州，各有市丞一人，佐一人，史二人，帅三人，分行检察；仓督二人，颛莅出纳；史二人。下州省丞。”[15]这些职务都是九品的职官，而墓志首题王道的“骑都尉”是勋官，视为从五品。志文在这里说王道在乾封元年（666）出任幽州蓟县的录事，时间不长就到幽州出任仓历，后又转任幽州录事。他解决了当地许多烦杂疑难的问题，而他揭露隐蔽的坏人坏事，却没有丝毫的误差。在上元元年（674），他又升职为幽州“市丞”，协助“市令”管理幽州“市”的全面工作。

现今已知的唐幽州城内的二十六坊，是人们日常居住的地方，遍布在城中的衙署、寺庙、市肆等，是满足人们物质与精神生活的公共设施。而商品的买卖交换市场，就是居住在坊巷中的民众、军队等几十万人日常生活购物的场所。现已知在唐代长安城中有东、西两个市，而洛阳城中有北、南、西三个市，这已被相关的考古工作所证实。而幽州城中现今已知仅有一个北市，且具体位置还不能很准确定位。

按照唐代坊市制度的规定：市民们购买商品必须要到市内进行，市外是不准设立店铺进行商品交易的。而坊和市之间有墙垣隔绝，坊门与市门也是在规定的时间内才能开启的，时间一到便将关闭休市。在夜间，市是禁止商业活动的，坊也不准居民内外通行。仿照唐代两京的样子，幽州城内的市和坊之间，在早期也是有着严格界线的，并且泾渭相当分明。市就是繁华的商业区，坊就是普通的居民区。只不过因人口数量与城的规模，它与唐两京相差的太远，在坊里数和交易市场上也是有相当的差距。

关于唐幽州城中的“市”，《大般若波罗密多经》题记中有“范阳郡市白米行吴庭芝等”“范阳郡市东店侯光进母杜妻任弟光庭妻卢弟光晖弟希倩男万德合家供养”“幽州市诸行石经社官卢庭晖录事李闰国合邑一百一十七人等同造石经一条，贞元十一年四月八日建”等记载[16]，题记中“范阳郡”的称谓，为天宝元年（742）所改，“乾元元年，复为幽州”。这里说的“市”就是现今人们所说的“幽州北市”，因位于幽州城的北部而得名。《新唐书•五行》记载：“大顺二年六月乙酉，幽州市楼灾，延及数百步。”[17]可见，当时“市”的规模还是相当大的。流传至今的各种资料中，都极少见到有关幽州北市的记载。王道墓志的出土发现，无疑为今天人们了解研究唐代幽州市场的规模、发展，提供了最好的实物见证。

现今种种迹象表明，“幽州北市”应在幽州城内交通特别方便之处，便于蓟、幽都两县以至幽州城内的居民前往购物。它的具体位置似乎就位于幽都县与蓟县交界处的“通阛坊”旁边，因为“通阛坊”之名，即是来自此坊里遍设四周的市肆，“阛”即环绕市肆的墙。东汉张衡《西京赋》载：“尔乃廓开九市，通阛带阓。”据考证，“通阛坊”大致是在今西城区广安门内大街与长椿街——牛街交会处的西北角。而今学者们研究、追寻、争论的唐幽州城，以至延续到辽南京、金中都城中的著名大街——檀州街，现在不管这条大街到底是东西向的，还是南北向的，它都应正好经过“通阛坊”门前。而位于这个路口的东北、东南、西南三个方向的坊里，则分别应是归蓟县管辖的蓟北坊、敬客坊、燕都坊。今日的西城区闹市口南大街，往南经过长椿街到与广安门内大街的交会处，再往西沿广安门内大街到与南、北线阁大街的交会处，再往南即南线阁大街一线，就是蓟县与幽都县在幽州城内的分界线。这条分界线的划分，主要是根据现已知的唐幽州城二十六坊考证，即东部蓟县十四个坊、西部幽都县十二个坊的大致位置来决定的。而幽州“北市”内各类店铺经营的商品种类非常繁多，仅仅是在《房山云居寺石经题记》中就记载有30余个行业。这些行业分工还特别细，有米行、白米行、粳米行、屠行、肉行、染行、油行、布行、五熟行、果子行、椒笋行、炭行、生铁行、磨行、绢行、小绢行、大绢行、彩绢行、锦行、丝织行、幞头行、靴行、杂货行、新货行等，经营着食物、金属用具、日用品、纺织品、燃料等多种交易，几乎囊括了居民生活的各个方面。而幽州地区的丝织手工业也相当发达，范阳绫就是享誉唐王朝的幽州名品。此外，这里还内设有"胡市"，来自幽州北方的"胡商"也在"北市"与中原地区的民众进行平等交易。而南方大量的稻米、茶叶、布帛也源源不断地通过陆路、运河等来到幽州。可以想见，幽州不愧为唐代东北方最为重要的水陆商贸集散地。

唐代后期，由于商业的繁荣，一些店铺也在幽州封闭的坊巷中出现，甚至有些店铺也开到了市门外面进行商品经营。《房山云居寺石经题记》中就有"大唐幽州蓟县界蓟北坊檀州街西店弟子刘师弘、何惟颇、侯存纳、贾师克等造大般若石经两条""幽州蓟县界市东门外两店"等记载[18]，表明当时的商铺已经扩展到幽州"北市"的东门外。山西应县木塔出土的印本佛经《契丹藏》之《妙法莲花经》题记中载："燕京檀州街显忠坊门南颊住冯家印造。太平五年岁次乙丑八月辛亥朔十五日乙丑。"[19]而《房山石经题记汇编·大方广总持宝光明经（金）》题记中"施主檀州街敬客坊樊刘氏续造此经为自身恶业"的记载，又证实了唐幽州城中的敬客坊，经过辽南京城又延续到了金代中都城，而经过唐幽州城中敬客坊的著名商业大街——檀州街，也一直延续到了辽、金时代。

志云："莲蔡凝云，近对公明之肆；桂樽浮月，俯映相如之垆。""蔡"即野草。《说文解字》载："蔡，草也。""公明"则指民间传说中的财神赵（朗）公明，民间传说他专司迎祥纳福、商贾买卖，手下掌管四名与财富有关的小神（招宝、纳珍、招财、利市）。这里"杜"是指杜康酒，曹操《短歌行》中有"何以解忧，唯有杜康"之句。"樽"是古代盛酒的器具，李白《前有樽酒行》有"春风东来忽相过，金樽渌酒生微波"之句。这里"相如之垆"取"相如涤器、文君当垆"之意，指汉代辞赋家、音乐家司马相如和卓文君的爱情故事。志文在这里是说市场酒肆内的美味佳肴，多得就像浓密的云朵一样层出不穷，供给像财神爷赵公明这样的人任意挥霍消费。盛满杜康美酒的杯中倒映着天空中的月影，同时还讲述着"相如涤器、文君当垆"那样的爱情典故。

志云："诡诈烟扰，奸讹雾集，公示以忠诚，诲其德义。驵侩迁善，商竖钦风，每至锦绚桃原，花庄菊岸。珠泉泻月，镜浦涵星，莫不酒阁澄霞，歌筵奏雪。叶陈遵之礼客，符郑庄之好贤。"这里"诡诈"指欺诈，"烟扰"即烟雾缭绕，"奸讹"指奸诈的人和事，"雾集"比喻盛且多，"驵侩"泛指市侩。"迁善"即去恶为善，《孟子·尽心上》载："杀之而不怨，利之而不庸，民日迁善而不知为之者。"[20]这里"商竖"即商业导向。"钦风"是谓敬慕其风俗教化。文中的"陈遵"，《汉书》中有传，他曾经得到过王莽的赏识，为河南太守，复为九江及河内都尉。他不仅书法精湛，被誉为"芝英"之祖，而且他的喝酒好客也是出了名的。文中的"郑庄"是谓春秋初期著名的政治家、郑国第三位国君郑庄公，他足智多谋，善于纳谏，且礼贤下士。志文在这里是说市场内缺斤短两、以次充好、哄抬物价、欺行霸市、强买强卖等的人和事时有出现和发生。王道都能以自己的诚信来处理各项事情，不厌其烦地指出每一件事情的得与失、对与错、情与法。把交易中市侩的习气与做法都摒弃出市场，在市场内坚决地树立起公平交易的风尚。

而每到丰收时节，市场内就充满了琳琅满目、堆积如山的商品。而在交易中商品与钱财之间的交换，就像泉水下泻一般湍流不息，又像布满繁星的夜空璀璨满目。没有一个酒楼是有空闲的，歌舞酒宴就像纷飞的雪片连续不断。繁荣的市场酒肆，就像东汉的陈遵那样热情好客，也像春秋时的郑庄公那样以礼待客。

志云："而桑井示征，兰庭起疊，玄穹斯昧，奄及摧梁，春秋五十。以上元三年九月六日，终於私第。……以上元三年岁次景子九月景寅朔十四日己亥，合葬於蓟城南三里平原，礼也。"这"桑井"指古代井田制度，后以代称乡里、家园。《资治通鉴》载："虽桑井难复，宜更均量。"胡三省注："桑井，谓古者井田之制，五亩之宅，树墙下以桑也。"[21]"起疊"，即"疊起萧墙"之意，"而祸生肘腋，疊起萧墙，白武噬骖，苍鹰集殿，幽辱神器，弑酷乘舆，冤结生灵，毒流宇县"[22]。志文在这里说当时的社会已表露出来衰败的迹象，组成国家的庭院已有了裂痕，苍天大地也有了变化，这些都殃及到了对国家有功的人。即暗示皇后武则天已开始干预朝政，杀戮了许多维护国家礼法的正义人士。而王道在50岁时，患病逝世在自己的家中。

图三 唐贾璥墓志

图四 唐王时邕墓志

此志石是在今丰台区右安门外的开阳里小区出土，这对确定唐幽州城的南城垣具有重要意义，即此墓志的出土地往北三里就是唐幽州南垣，这正好是今西城区白纸坊大街东西一线。而2005年在大兴区黄村老街危房改造时出土了开元三年（715）上石的《唐贾璥墓志》（图三），其中有"以开元三年岁次乙卯葬于蓟城南四十里之平原"的记载[23]，即墓地往北四十里就是唐幽州南垣墙，这也和王道墓志所指为距唐幽州南垣之距离相符。1985年在丰台区大葆台博物馆南出土了会昌六年（846）《唐王时邕墓志》（图四），志文载："会昌六年沽洗月朔日，卜葬于蓟县南一十五里，广宁乡鲁村东一里之原。"[24]这两方墓志也都是考证唐幽州城南垣的重要实物证据。唐幽州城的南城垣是在今西城区姚家井以北的东西一线，而位于姚家井西北二里的白纸坊以北有个崇效胡同，在史上因崇孝寺在此地而得名。"崇孝寺……按《幽州土地记》则有唐初年置。里俗相沿，则谓德宗贞元五年幽帅彭城太师刘公济舍宅为寺。传说各异。以前殿梁板及后殿左幢文考之，则刘庄武公济贞元五年舍宅作寺为是。"㉕崇孝寺是为原唐幽州卢龙节度使刘济的私宅，刘济死后被改建为寺庙，则它必在幽州城内。故此，也能证实今白纸坊东西大街一线，当是唐幽州城南垣所在地无疑。

志云："夫人张氏，白水疏澜，珠星流庆，蕙仪夙茂，兰性早芬。不意洛渚神姿，随夜川而永逝；巫台仙影，与暮雨而无归。"志文在这里说王道的夫人张氏有着明珠一样行善得福的品质，其纯美的仪态天生就素有风茂。优雅的神韵姿态，也都会随着时间的斗转星移而流逝。祈祷神灵降福的倩影，也会像春天的暮雨一样一去而不复返。

志云："息玄恪痛贯凿楹，悲深手泽。惧桑田之迁，砮敢题芳於玄石……楸埏闷色，松帐凝光，刊兹贞琬，地久天长。"这里"玄恪"指来自新罗的法师，"玄恪法师者。新罗人也。与玄照法师贞观年中相随而至大觉。既伸礼敬遇疾而亡。年过不惑之期耳。"㉖"痛贯"即形容悲痛到极点。"凿楹"是谓藏守书籍以传久远，"晏子病，将死，凿楹纳书焉。谓其妻曰：'楹语也，子壮而示之。'"㉗志文在这里是说王道的家人，学习玄恪法师在生命欲绝之时，用凿墙藏书的方法，来埋藏先人的遗物。因恐惧人世间沧海的变迁，虽然胸中没有什么墨水，但也壮胆写下志文刊刻于墓铭贞石之上，让它得以天长地久地保存。

综上所考，该墓志是现今考证唐幽州城南城垣的重要依据，它是现已知出土于唐幽州城南垣外距幽州城最近的唐墓志，志文中所标明的距幽州城南垣的里数，是最为接近历史原貌的。而墓主人王道任职的幽州市丞等官职，也佐证了幽州城市场贸易的实状。根据志文中的描述记载，以及王道所采取的一系列针对幽州城市场管理的措施与手段，这些无疑都是反映唐代幽州城内市场交易与酒肆娱乐状况最为直观的写照，这对于今日研究历史上北京城市的发展史，特别是对于研究唐幽州城的市场与贸易发展史，无疑提供了最好的实物素材。

---

①《北京市文物精粹大系》编委会、北京市文物局：《北京文物精粹大系·石刻卷》，北京出版社，2004年。

②⑥《新唐书·地理三》，中华书局，1975年。

③［唐］林宝：《元和姓纂》卷五，中华书局，1994年。

④余迺永校注：《新校互注宋本广韵》，上海辞书出版社，2000年。

⑤《隋书·百官下》，中华书局，1975年。

⑦《唐故右卫德润府左果毅都尉上柱国高公墓志铭并序》，载吴钢主编：《全唐文补遗》第四辑，三秦出版社，1994年。

⑧［清］王先谦撰，沈啸寰、王星贤点校：《荀子集解·王制篇》，中华书局，1988年。

⑨［清］董诰、阮元、徐松等编纂《全唐文》卷一百八十七，《大周故镇军大将军行左鹰扬卫大将军兼贺兰州都督上柱国凉国公契苾府君碑铭》。扬州诗局刻本，清嘉庆二十三年（1818）。

⑩《后汉书·马融传》，中华书局，1962年。

⑪何宁：《淮南子集释·人间训》卷十八，中华书局，1998年。

⑫《后汉书·马援传》，中华书局，2000年。

⑬［清］郝懿行：《山海经笺疏·中山经》，巴蜀书社，1985年。

⑭《旧唐书·地理二》，中华书局，1975年。

⑮《新唐书·百官四下》，中华书局，1975年。

⑯⑱北京图书馆金石组、中国佛教图书文物馆石经组：《房山石经题记汇编》第二部分《大般若波罗密多经（唐至辽）》题记，书目文献出版社，1987年。

⑰《新唐书·五行一》，中华书局，1975年。

⑲山西省文物局、中国历史博物馆主编：《应县木塔辽代秘藏》，《契丹藏》之辽太平五年《妙法莲

（下转第24页）

石景山区红色资源概述

苗天娥

石景山区面积仅84.38平方公里，却是北京西山永定河文化带的重要节点和中枢环节，历史上曾经扮演过北京城的水利命门、能源和建材基地、军事要塞、交通枢纽等多重角色，是农耕文化、游牧文化、宫廷文化、市井文化、红色文化等多种文化交汇、碰撞、融合的聚集区。特别是红色文化资源如星星之火，遍布全域，有的有址可寻，有的有物可看，有的有史可讲，有的有事可说，在中共党史上留下了浓墨重彩的一笔。

一、革命圣地八宝山

八宝山，是京西一座低矮的小山，但它在国人的心目中却是一座高大的丰碑，因为这里长眠着无数为新中国成立、为中华民族站起来、富起来和强起来而奋斗的英雄人物。简言之，八宝山地区是一处庄严的革命圣地，它不仅有过卢沟烽火后二十九军血战沙场的英勇壮举，也入祀过国民党“悲情将军”张自忠的殉国牌位，还安葬了无数的开国元勋、国际友人、爱国民主斗士和革命英烈等。

1.青山有幸埋忠骨

八宝山革命公墓位于石景山区八宝山南麓，系新中国成立后北京市政府在明代护国寺基础上改建而成，是全国规格建制最高、声名最著、红色教育资源最为丰富的园林式公墓（图一）。公墓分墓区和骨灰堂两部分，墓区4个，主干道两侧为一、二墓区，祠庙东侧、西侧为三、四墓区；骨灰堂在中央偏东位置，分为11个骨灰室。近年陆续增加了骨灰墙、第二骨灰堂、烈士纪念园、生态墓园等。

八宝山革命公墓既是静态的革命纪念场所，也是中国共产党人在革命斗争中所形成的各种精神传承之地，这里安葬的每一个人都是一部生动的教科书。红色传统教育是信仰、是忠诚、是追求、是奉献，激励后人不断接受红色传统教育，巩固升华理想信念，坚定走中国特色社会主义道路，奋力实现“两个一百年”奋斗目标。

2.二十九军血战之地

1937年7月7日，日本侵略军在卢沟桥突然发动侵华战争，第二十九军军长宋哲元率领士兵坚持血战。7月12日，日本侵略军进犯八宝山一带。八宝山是保卫北平城的第二道防线，是前沿阵地卢沟桥

图一 八宝山革命公墓大门

的坚强后盾，更是二十九军掩护各部撤退的唯一通道。当时，奉命守卫八宝山地区的是第二十九军三十七师一一〇旅，旅长何基沣率部顽强抗击进犯日寇。7月30日晚，二十九军安全撤离后，一一〇旅才从八宝山阵地全部撤退。二十九军坚守卢沟桥和八宝山阵地，使北平对外交通保持着一线生机，根本上延宕了日军的侵华计划（图二）。

3.张自忠入祀忠烈祠

在八宝山与老山之间有一座小山丘，百姓称之为疙瘩山。1941年，日本侵略者强迫附近黄庄、焦家坟等地的村民在山顶上建造了一座日式大型神社——“忠灵塔”，长长的神道、神道桥直通中央的黑琉璃瓦重檐方形塔，分外醒目。“忠灵塔”是日本军国主义侵略中国的罪证。抗战胜利后，国民党将“忠灵塔”改称忠烈祠，于1946年清明节改祭抗日牺牲将领张自忠等英烈。中华人民共和国成立后，方塔被拆除，忠烈祠改建为“老山骨灰堂”。“老山忠烈祠”现为石景山区尚未核定公布为文物保护单位的不可移动文物（图三）。

此外，该地区的八宝山娘娘庙也非常有名。全民族抗战爆发后，日本人占据了八宝山周边的村庄，老百姓被迫给日本人干活，人们敢怒不敢言。到了庙会期，附近村民赶来庙会烧香，据点里的日本鬼子也来凑热闹。平西游击队员得知这个消息后，天天化装成香客悄悄混入庙会，趁日本兵上厕所的时候暗杀鬼子。接连几天鬼子兵逛庙会蹊跷失踪，日本军官一气之下停办了庙会。现存八宝山娘娘庙遗址为石景山区尚未核定公布为文物保护单位的不可移动文物。

二、红色电波八大处

八大处公园的一至八处地处著名的西山风景区内，是新中国成立后北京市首批文物保护单位、国家4A级景区，其历史悠久、风水宜人的山地寺庙园林盛名远播。八大处也是红色基因承载地、北京市爱国主义教育基地，这里有帝国主义列强侵略中国的罪证——辽代招仙塔遗址，也有抗战时期西山古香道上的红色交通线，还有解放战争后期的军委三局通讯总台、延安保育院驻地，更有著名科学家李四光鉴定的八大处冰川漂砾、隆恩寺冰川擦痕等遗迹。

1.辽代招仙塔基

八大处二处灵光寺的招仙塔始建于辽咸雍七年（1071），原塔八棱十三层，通体洁白，十分壮观。每一块塔砖上都刻有精美的佛像，俗称“画像千佛塔”。1900年，八国联军入侵北京，大肆烧杀抢掠，招仙塔惨遭炮轰，沦为废墟（图四）。

2.古香道上的红色交通线

八大处地区有一条通往门头沟区妙峰山的古香道，至今保存完好，向东连接海淀区昌化寺，向西可达天泰山慈善寺，俗称昌慈古香道。这条古香道在抗战时期

图二 从八宝山撤退的第二十九军士兵

图三 1945年的忠烈祠

充当了北京城到达平郊抗日根据地的红色交通线。那时，中共冀热察区党委和晋察冀分局选派机智勇敢、政治可靠的干部，在以北京为中心的周边地区组建了4条地下交通线，其中一条与古香道重合（图五）。从城里出发，经阜成门、苹果园到模式口，然后分成南北两条支线：南线是从模式口向西，到达三家店，再爬山进入平西根据地，这条路线基本上是走京西运煤大道（即京门公路）；北线是从模式口向北经八大处、香山翻山进入斋堂根据地。原最高人民法院第一副院长、我国司法战线著名的领导人王维纲同志，当年就是经过这条红色交通线到达斋堂川。1937年7月11日，中国人民的好朋友、燕京大学教授、英国物理学家赖朴吾与党的地下工作者赵明、地下交通员肖再田及英国人林迈可在苏寰宇的带领下，借着雨天绕过敌人岗哨，辗转从八大处上山，经樱桃沟、妙峰山到达抗日根据地，受到萧克将军的热情接待。党的秘密交通线打通了敌人严密封锁和监控下的北平城与根据地的联系，保护了革命力量，保证了党在北平革命工作的开展和最终胜利。

3. 军委三局通讯总台驻地

新中国成立前夕，八大处不仅是中央迁址的备选地之一，还是军委三局通讯总台的驻地。1949年3月，在西柏坡召开的中共七届二中全会上，毛泽东明确提出党的工作重心应由乡村移到城市。中央迁址地集中在北平西郊的香山、八大处、颐和园等处筛选。在确定香山后，李克农领导的便衣保卫队被安排到香山、青龙桥、八大处等要害部位开展掩护工作。当时的八大处地区入驻大批中央警卫部队，在一处长安寺以南山口设派出所，驻扎一个班的兵力。

早在中央机关进驻香山之前，“香山电话专用局”装机工程就于1949年3月10日夜以继日地开工了。战士们全力以赴，在香山、八大处、玉泉山和青龙桥一带架设中继线和临时专线，仅用13天时间就安装了150台自动交换机。接线员的培训班和宿舍也设在八大处。

图四 灵光寺招仙塔基

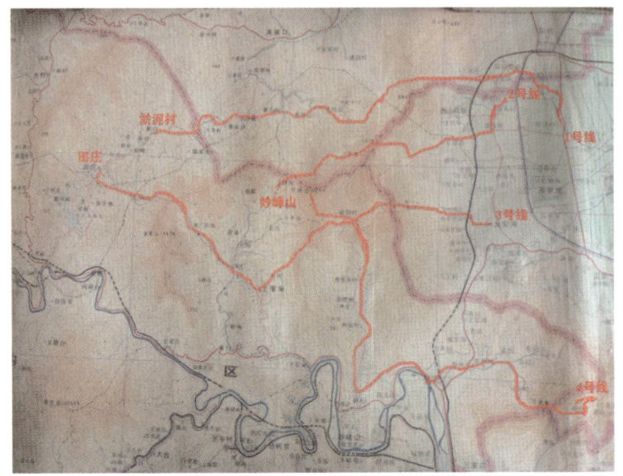

图五 抗战时期北京地区地下交通线示意图

1949年3月25日上午，毛泽东等离开西柏坡到达北平香山，是中央机关的临时驻地。此前的23日，军委三局先遣人员率无线电总台提前进驻八大处。李克农同志考虑到毛主席的安全，为了保密，对外称“劳动大学”。“劳动大学”的范围，南至八大处，北至樱桃沟周家花园。中共中央进驻香山后，各机关分散在香山周围办公，通讯总台的收信台设在一处长安寺，军委三局机关其他部门设在二处灵光寺，发信台设在八大处东边的魏家村，军委三局的干部大多数住在长安寺和灵光寺之间的“西山饭店”（赵四小姐的父亲开办）。后来又接管了孙家花园作为办公用房。1953年，军委三局通讯总台撤出八大处。孙家花园现为石景山区尚未核定公布为文物保护单位的不可移动文物。

从1949年起，西山八大处的红色电波

传到渡江前线、传向东面、中南、西南、西北进军的战场，传向开国大典现场，传向朝鲜战场，它是中国人民解放战争、抗美援朝战争走向伟大胜利的重要通信保障和通讯枢纽。八大处的红色电波记录下这支神秘的通讯尖兵在新中国成立初期的辉煌历程。

4. 延安保育院驻地

据《西山八大处调查报告》（卷宗号：69-2）记载："王家花园即前北洋军阀军长王金钰别墅，在嘉禧寺西，王自建别墅，他从未住过。有瓦房三十八间（亭台未计在内），花木较多，损坏处已修饰完整。地面约二十余亩。本主现住北京市西城粉子胡同，没人看管，由村农会管理，由劳大托儿所占用。"劳大托儿所的前身是延安保育院，托儿所里孩子的父母都是长征到达陕北的红军。延安保育院跟随中央从延安转战到西柏坡，又迁移到北平西郊的八大处，居住了181天后，跟随毛主席一起进城。这些孩子中，有罗小金（即李铁映同志）、毛姣姣（即毛主席的女儿李敏）等。

5. 冯玉祥在慈善寺的活动

慈善寺位于天泰山主峰西侧，东面与八大处"虎头峰"、香山"鬼见愁"隔岭相望。慈善寺占地6000余平方米，是明末清初一座集释、道、民间诸神为一体的寺院。从清乾隆年间起，如意礼仪钱粮圣会、鲜果圣会、放堂圣会等大型民间集会都在慈善寺举行，是旧时京西著名庙会"三山五顶"之一，也是京西古香道的重要组成部分。1924年11月至1925年1月，爱国将领冯玉祥第三次隐居慈善寺（图六），在慈善寺驻军期间，冯玉祥除了开荒、修路、练兵、慰问老百姓之外，还读书、练字、写对联，在慈善寺山坡上留下阴文楷书石刻六处，分别为"真吃苦""勤俭为宝"（图七）、"耕读""淡泊""灵境""谦卦"，反映了他的思想认识，至今保存完好。

6. 八大处周边的其他不可移动文物

八大处是石景山区文物集中分布区之一，红色资源还有八大处第四纪冰川漂砾、隆恩寺第四纪冰川擦痕，经李四光亲自确认，现为石景山区文物保护单位。附近的福田公墓里，安葬有不少抗日英烈和爱国志士。周边还有十几处尚未核定公布为文物保护单位的不可移动文物，如亚洲学联疗养院旧址、北京市工人疗养院、西黄村火车站老站房等，都是新中国经济社会发展的有力见证。

三、英烈留迹模式口

模式口昔日是闻名遐迩的京西古商道，如今是北京市历史文化保护区，是京西多元文化汇集地。这条古商道从唐宋以来，也是一条非常重要的军道，抗战时期它是红色交通线的中转站，邓颖超和二十九军伤员在西山平民疗养院疗养过；这里是平津战役的前沿阵地，杨家坡激战就发生在此；新中国成立后，

图六　冯玉祥（前左一）**在天台山与张学良**（前左二）**及慈善寺主持玉宗**（中）**等合影**（1924年冬）

图七　慈善寺冯玉祥石刻之一"勤俭为宝"

这里发现了震惊中外的模式口第四纪冰川擦痕遗迹。

1. 邓颖超在西山疗养时的抗战活动

抗战时期，模式口地区福寿岭曾留下了邓颖超的闪光足迹。福寿岭村南有一组坐西朝东的建筑，为清代礼亲王家族墓地及礼王府（坟）遗存的阳宅，有垂花门、游廊等。20世纪30年代著名肺病专家卢永春大夫购置礼王坟阳宅，开办西山平民疗养院。1937年初，时任中央机要科科长的邓颖超因肺结核病复发，在美国进步作家、著名记者埃德加·斯诺的护送下几经周折来到北平，于1937年5月住进西山平民疗养院，化名"李知凡太太"（图八）。邓颖超每天养病之余开导青年、关注时事、为病友翻译电报、关心民众疾苦，其热情开朗的个性赢得病友们的亲近。卢沟桥事变后，部分二十九军伤员被送到西山平民疗养院疗伤，她牵头组织了对伤员的慰问和捐献活动。北平沦陷后，邓颖超接到党组织的加急信件，要她绕平绥铁路转回西安。几天后，北平地下党组织派人接邓颖超离开了西山平民疗养院，仍然是在斯诺的护送下到了天津，再由爱泼斯坦从天津护送到济南，最后回到了延安。20世纪50年代初，西山平民疗养院经北京市人民政府批准改为北京铁路分局西山疗养院，其中的礼王府（坟）阳宅于2001年10月被公布为石景山区文物保护单位。

图八 邓颖超在西山平民疗养院

2. 模式口秘密交通站

抗战时期，红色交通线在模式口分为南线和北线，且在海淀区田家庄、北安河、温泉、海淀、张坊、石景山区模式口和门头沟区三家店、妙峰山等处设立了秘密交通站或交通点，配备了不同形式的交通员，为平西抗日根据地联络和运输服务。此外，在石景山区西黄村、苹果园、模式口、麻峪、五里坨等村建立了联络点，成为八路军和游击队驻脚的堡垒户，多次完成为根据地护送干部、传递情报、运输物资、配合武工队打击日寇等任务。

3. 奇袭福寿岭

1945年9月日本宣布投降后，中共地下组织了解到石景山制铁矿业所善邻工作队有一批日军的武器弹药，中共晋察冀中央局城工部部长刘仁指示要抢在国民党军之前把这些武器弹药搞到手。地下党员魏焉和他的地下关系左安、赵彦等会同中共抗日武装新五团经过周密筹划，趁夜色奇袭福寿岭，缴获步枪700支、重机枪1挺、轻机枪3挺、子弹3万发、手榴弹1800枚、掷弹筒6具及其他军用物资，连夜运往解放区。京西民谣《善邻会》反映的就是这次奇袭："福寿岭，法国房，鬼子在这儿做文章。巧立名目善邻会，拉拢百姓保工厂。地下党员巧计谋，夺得一批轻机枪。"

4. 激战杨家坡

杨家坡是模式口村西的一座小山，也叫黑头山。1948年12月15日至17日，中国人民解放军第十一纵队三十二师和第五纵队独立九师、一四一师与敌人在杨家坡激战三昼夜。战斗中，解放军的头炮安置在村北的“大园地”和相邻的制高点上，残余敌人用日伪留下的碉堡作掩护，用精良的美式武器负隅顽抗（图九）。因为伤亡惨重，模式口村家家户户住满了伤病员，村民们摘下门板抬伤员。模式口人民既配合解放军打垮了敌人精锐部队，也保护了京西首钢、石电等重工业基地，使历史文化遗产免于战火。

5. 模式口冰川擦痕

模式口第四纪冰川擦痕遗迹在翠微山南麓的山坡上，20世纪50年代修建永定河引水渠时被偶然发现。永定河引水渠是北京市修建的第一条引水工程，主要为西郊石景山热电厂、首都钢铁公司和各大河湖公园及城市生活用水提供水源。当时，国家地质部高级工程师李捷到模式口勘测永定河引水涵洞工程地质、地貌，突然发现了冰川擦痕。李四光先生亲自来模式口勘察、确认，又经苏联地质学家纳里乌金鉴定认可，赞叹这是“亚洲地质史上的光辉一页”。在长江以北的基岩上发现冰川遗迹尚属首次，这填补了我国东部低海拔地区无冰期的历史空白（图十）。

四、工业文明发祥地

石景山区是首都工业文明的发祥地，这片神奇的热土创造了中国工业史上的诸多辉煌，形成了石景山特有的工业文明。石景山区有两座百年老厂，一座是石景山

图九 杨家坡炮楼遗址

图十 模式口冰川擦痕遗迹

图十一 20世纪20年代的石景山发电分厂

炼厂（首钢前身），一座是石景山发电分厂（图十一），它们是首都工业文明的发端，也是中国共产党领导的北平工人运动的最早发源地之一。新中国成立后，以“两厂”为首的京西八大厂掀起了建设社会主义新高潮。

1. 两厂早期工人运动

1921年7月中国共产党成立后，领导开展北方工人运动，掀起了中国工人运动的第一次高潮。长辛店铁路工人的运动和罢工，对石景山“两厂”工人产生了积极的影响。1922年，原长辛店铁路工厂的钳工高和到炼厂所属火车房做工。他广泛向工人宣传党的主张和长辛店铁路工人为争取解放而斗争的事迹，号召大家团结起来，推翻阶级剥削和阶级压迫的制度。7月，在高和的建议和筹办下，炼厂在北辛安镇南庙前工人宿舍大院门口挂出“龙烟铁矿石景山工人夜校”的牌子，教工人读书、识字，启发工人的政治觉悟。工人夜校招收了王景奎、何老二、李伦、高竹林

等学员数十人，请进步人士授课。工人接受了这些革命道理，思想觉悟有了很大提高，斗争热情高涨，多次有组织地围攻监工和恶霸，有力地打击了监工、把头的嚣张气焰。1923年2月，举行京汉铁路工人大罢工之前，长辛店铁路工厂派4名工人与高和等人联系，要求一起参与行动，但由于炼厂工人组织准备不足，未能成行。1923年5月12日，高和带领炼厂近百名工人冒雨到厂机务处与厂方交涉停发工资之事。在工人的团结斗争下，厂方不得不把拖欠的工资如数发给工人。

1923年6月5日，尚未经过股东会讨论的1922年签订的龙烟铁矿向日销铁垫款合同被泄露后，以石景山炼厂工人为主，及大批顺直省的群众包围了省议会，强烈反对出卖龙烟铁矿和石景山炼厂利益的借款。在爱国民主运动的压力下，6月15日，龙烟铁矿董事会在《京报》发表声明辩解，“卖矿之举，绝无其事”，一场盗卖矿厂的卖国丑剧，在炼厂工人和各界人士的声讨中收场。这一事件轰动了当时的北平城。

1928年夏，石景山发电分厂成立了工会，全名为“京师华商电灯股份有限公司工会石景山分会”，成员有王肇周、蒋繁栻、朱贵庆等。这是石景山地区第一个工会。发电分厂工会多次与华商电灯股份有限公司资方谈判、交涉，要求给工人增长工资、提高待遇。很快，又成立了发电分厂工人补习学校，聘请多名思想进步的知识分子担任教师。

2. 八路军三打石景山发电厂

1938年5月12日夜，邓华、宋时轮率领的邓宋支队三营突袭石景山发电厂，给敌人以很大威慑。1938年6月，中共石景山发电分厂支部成立，蒋繁桎任书记，朱贵相任支部组织委员，王玉亭任宣传委员。这是石景山区第一个党支部。7月7日凌晨，八路军晋察冀军区第五支队书记史进前率队第二次奇袭发电厂。在蒋繁桎等人事先提供地图的配合下，五支队三营炸毁了锅炉2台、火车头1个、击毙（伤）敌军100余人、缴获枪支30余支。1945年6月，中共晋察冀中央局城工部在石景山发电所建立党支部，刘玉三任书记。8月20日，北京发电所（即石景山发电厂）共产党员杜广信、韩泰山，主动积极协助抗日武装房涞涿大队第一连连长闫占江率队袭击发电所，缴获伪军武器一批，歼灭日军一个小分队，造成北平全城停电。京西民谣《三次袭击发电厂》叙述了这一史实：“三营袭击发电厂，手榴弹声一阵响，炸得漫天冒火光。三营营长史进前，带领部队发斋堂，二次来到发电厂，猛烈攻击敌营房，炸毁锅炉火车头，这次行动受表彰。三次袭击发电厂，歼灭日军小队长，炸毁杨庄高压线，北平黑暗又恐慌。三次袭击得大胜，鼓舞人们斗志强。”

3. 石景山炼厂的抗日斗争

“七七事变”后，日本人占领石景山炼厂，改名为“石景山制铁所”，作为日军重要的军需厂，疯狂压榨工人。但在中国共产党的领导下，很多共产党员、抗日积极分子团结劳苦工人与日本鬼子进行了艰苦卓绝的斗争。其中以共产党员白振东领导的工人斗争最为突出。1939年6月，白振东来到石景山制铁所，在石景山地下工委书记杜广信的领导下，联合工头王长林团结工人巧妙对抗日军，用磨洋工、出废品、烧日本旗、罢工等方式引导工人智斗日本管理者。1944年冬，白振东、王长林等人成立了“民生土木建筑公司”，在党的领导下开展工作，掩护解放区过来的人员和地下党员，与汉奸组织的“石景山工业地带爱护会”展开针锋相对的斗争。白振东还让工人保护反战日人甲裴，派人护送其到解放区。白振东、王长林互相掩护，利用“吃空饷”骗鬼子，让工人们多领口粮吃得饱。

4. 解放石景山战役中的八勇士

1948年时的石景山发电厂是华北地区最大的发电厂，负责当时北平城的供电照明。拿下发电厂，一可确保北平全城供电，二是震慑北平国民党守军，三可敦促傅作义下决心起义。毛泽东特为中央军委起草电报，指示解放军在作战中要保护石景山、长辛店、门头沟等重工业区和西山文化古迹（图十二）。

1948年12月15日清晨，解放军第十一纵队某团四连的指导员王世振带领九名战士，与敌人在四平山麓展开了一场激烈的战斗，战士马铁庄英勇牺牲、李生身负重伤。王世振派副班长耿忠礼突围与营部联系，但被敌人火力阻住。危急时刻，王世振带领战士冲进发电厂，在我党领导下的护厂委员会工人的帮助下迅速占领了发电厂的制高点——煤粉炉五层大楼，用作临时阵地。护厂工人及时给八名勇士送来开水、饭菜、药品和擦枪布等。他们坚守煤粉炉五层大楼，打退了从四平山方向来的一个班敌人，其余的敌人赶紧逃到了石景山钢铁厂内，在那里也发生了激烈的战斗。八位勇士从15日坚守到16日凌晨，居高临下打退了敌人多次进攻。17日晨，石景山全境解放。

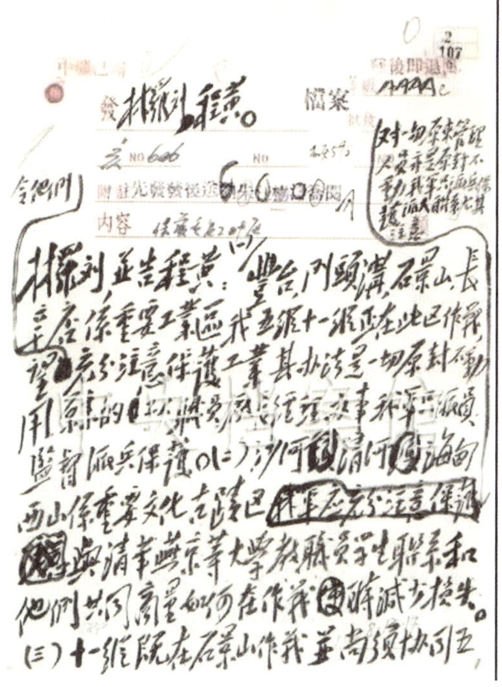
发林聶劉程黃。

林聶劉並告程黃：豐台、門頭溝、石景山、長辛店係重要工業區，我五兵團十一縱在此區作戰……注意保護工業，其辦法是一切原封不動……派兵保護。（二）沙河、清河、海甸、西山係重要文化古蹟區……注意保護，與清華、燕京等大學教職員學生聯系和他們共同商量如何在作戰時減少損失。（三）十一縱既在石景山作戰，並尚須協同五……

图十二 毛泽东保护京西首钢、文物的电报

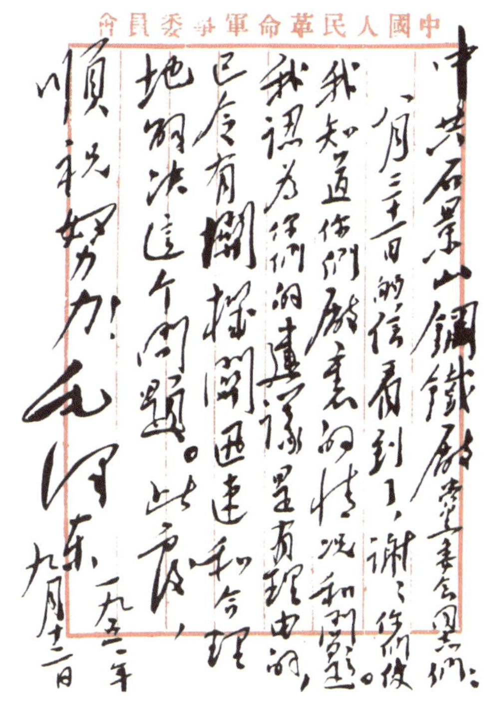
中國人民革命軍事委員會

中共石景山鋼鐵廠委員會同志們：八月二十日的信看到了，謝謝你們。我知道你們廠裏的情况和問題。我認为你們的建議是有理由的，已令有關機關迅速和合理地解决這个問題。此复，順祝努力！

毛澤东
一九五一年九月十三日

图十三 1951年毛泽东写信支持石钢厂党委工资改革

从此，石景山钢铁厂和发电厂回到人民手中，率先恢复生产。党和国家领导人非常重视石景山区工业发展，多次视察指导，支持改革创新发展（图十三），石景山区成为首都重工业发展的基地。如今，龙烟铁矿股份有限公司旧址、京师华商电灯股份有限公司旧址、北京锅炉厂旧址、模式口水电站、北京汽轮机厂和北京汽轮机发电厂旧址、龙烟别墅等近现代重要史迹及代表性建筑均被列为石景山区尚未核定公布为文物保护单位的不可移动文物。

五、永定河畔的红色村庄

麻峪村西邻永定河、东靠四平山，是石景山区最靠西的一个古村，与门头沟区隔永定河相望，平西游击队经常过河来麻峪村传播革命思想、作战，麻峪村成为红色基因承载地。

1. 麻峪村走出的烈士刘住赢

出生于麻峪村的刘住赢（又名刘士

章）在保定育德中学就读时，思想打上了共产主义的烙印。1921年，刘住嬴回到家乡，在本村和门头沟石门营乡村小学任教，结识了一些进步青年，创办《正义日报》，针砭时弊。1927年初，刘住嬴投笔从戎，到冯玉祥国民革命军所属王金德师部任副官，并秘密加入了中国共产党。1929年，他按照党组织的决定离开军队，到开封、郑州开展地下工作。1930年11月7日，开封地下党为纪念苏联十月革命，在市区组织“飞行集会”散发传单。刘住嬴被夜晚巡逻的国民党部队在街上扣住盘查，因从身上搜出军事计划而不幸被捕。刘住嬴在狱中坚守秘密，保护了地下党组织。不久，国民党反动派将刘住嬴等人押往开封西门外大操场。在刑场上，刘住嬴宁死不屈，高声怒斥反动派，高呼“共产党万岁”，英勇就义，时年29岁。

2. 麻峪无名烈士墓

1948年，国民党守军在四平山、黑头山周围修筑了碉堡、工事，妄图切断解放军从西北进取北平的通路——模式口路和广宁村西路。12月15日，中国人民解放军东北野战军第二兵团第十一纵队第三十二师的九十五、九十六团对石景山一线的国民党守军发起猛攻。敌军凭借居高临下的地势和水泥碉堡负隅顽抗，九十五团突击队的五名战士用集束手榴弹投向敌人的碉堡，大部队随之攻占了模式口及其附近的碉堡群。五位战士牺牲了，没留下名字，麻峪村村民将烈士安葬在村头，以“无名烈士墓”称之。1966年，经麻峪小学提议，按照人民英雄纪念碑的形式，缩小比例建造了一座无名烈士纪念碑，竖在小学操场的对面。碑高三米，四方形，碑顶覆以琉璃瓦，碑身正面刻“革命烈士永垂不朽”八个描金大字，背面镂刻碑文。2007年7月，麻峪无名烈士墓由麻峪小学迁建至麻峪村柳林公园内。2010年，整体迁到八宝山革命公墓西一区安放（图十四）。

图十四 麻峪无名烈士纪念碑

3. 安宝玉血洒麻峪村

1945年10月8日，昌宛县武工队在门头沟和石景山一带活动的“过河组”组长杜刚和县敌工干部安宝玉，从何各庄来麻峪村了解伪治安军在石景山一带的驻军情况。由于叛徒出卖，共产党员安宝玉为掩护战友，面对包围他的伪军，临危不惧，开枪自杀，年仅26岁。

习近平总书记强调，共和国是红色的，不能淡化这个颜色。要发挥红色资源优势，深入进行党史军史和光荣传统教育，把红色基因一代代传下去，把红色江山世世代代传下去。保护和利用好红色遗产，无疑是传承红色基因、延续国家记忆、凝聚民族力量、巩固我党执政基础的重要手段；同时在我国国家文化软实力逐步增强，而“意识形态领域斗争依然复杂，国家安全面临新情况”的背景下，充分发挥红色遗产的价值与功能，在塑造国家形象、坚定文化自信、推动文化传播等方面能够发挥不可替代的重要作用。

（作者单位：石景山区文化和旅游局）

房山区上方山《佛说四十二章经》刻石

刘卫东

北京市房山区上方山兜率寺的大殿后壁，镶嵌有明万历五年（1577）冯保书丹、末附刘效祖跋的《佛说四十二章经》刻石，全经分刻于15方矩形长石之上。兜率寺大殿三间，明间开穿堂门，经文分列于两次间外墙上，西间8方，高192厘米、宽391厘米；东间7方，高192厘米、宽377厘米。由西向东排列，尺寸不等，高度不差，宽度有差（图一、图二）。8方与7方各由石条外框框住，两个巨大的石条框的尺寸接近，作为左右间后山墙的装饰线，而墙芯正好就是四十二章经刻石（刻石录文详见附录）。

目前我们所能见到《上方山志》有两个基本版本，乾隆版不见对冯保的著录，溥儒版也只仅仅数语带过，就像上方山这座佛教丛林跟明代的大太监冯保没有太大关系似的。但实际上，上方山现存碑刻中有20余件直接与冯保相关。除“四十二章经”外，尚有“冯保施财修接引殿碑”“冯保施财创建永淳庵碑”“重修接待庵碑”等。估计这是清人的一种偏见，他们借鉴明代太监误国的历史教训，于是认为明代所有的掌权太监皆非善类。溥儒版《上方山志凡例》也说“貂珰腴文，虽有述作，弗敢称也。比诸金石，存其目而已”。但是历史就是历史，分析历史原因就是分析原因，历史现实的存在不容掩盖，尤其是方志类的文献，更应该尊重这个事实。幸好，上方山还留下了冯保的碑刻，《佛说四十二章经》就是一种。虽然它不是记事性的碑刻，但是它所保留的不仅仅是历史，还有艺术等。所以本文拟不限于对冯保历史功过的评价，仅客观就其《佛说四十二章经》做简单分析介绍。

一、冯保其人

冯保（1543—1583），字永亭（怀疑“永亨”之误，上方山有冯建“永亨庵”），号双林，衡水赵家圈冯家村人，明代大太监。他于嘉靖年间入宫，隆庆初年掌管东厂兼理御马监。隆庆六年

图一 四十二章经刻石（第一至第八石）

图二 四十二章经刻石（第九至第十五石）

（1572）穆宗皇帝驾崩时成为顾命大臣。万历皇帝即位后，历任司礼监秉笔太监和司礼监掌印太监，在宦官中可谓“位极人臣”。他支持张居正推行“一条鞭”法，使大明政权一度出现复苏局面。后冯保被放逐到南京，因病而死，家产亦被抄收。冯保有着较好的文化素养，在司礼监监刻了《启蒙集》《帝鉴图说》《四书》等诸多书籍，并在偏远的上方山兜率寺亲自书丹由工匠镌刻了大篇幅、大体量的《佛说四十二章经》全文。冯保也是一位悲剧式的人物，他曾做过不小的努力，也成功过；爱好艺术，喜收藏；笃信佛教，建寺庙；基本上不加入“尔虞我诈”的行列，但却防不得别人对他的侵犯，以至自身难保。然而历史不单是政治，艺术可传永久；建庙刻经，功德无量。

二、关于《佛说四十二章经》

《佛说四十二章经》是最早被译为汉语的佛经。东汉永平十年（67）伊存授景卢佛经之后六十八年，开始有了汉译本的佛经出现，名为《四十二章经》，是中印度人竺法兰所译。他在永平初年和另一高僧迦叶摩腾相携来中国。迦叶摩腾自然也参加了这项翻译工作。经凡四十二章，故以之为名。乃连缀大小乘佛法而成，虽不精微，但确是佛经汉译的伊始。译文质朴无华，叙述平铺直叙，善用夸张和比喻，将深奥佛理开解于人。以后历代不断翻刻、著录、注释、经解等多达两百多种。迄今所能见到最早的是所谓唐“怀素草书本”。然而这些都属于“古籍”版本，即“板刻”再印刷的本子。

三、上方山《佛说四十二章经》刻石

查找关于《佛说四十二章经》石刻与雕板版本的线索，有当代《中华大藏经》、民国时期日本《大正藏》与清乾隆《大藏经》本的，当然还有传更早唐代怀素草书本的，很少有提及冯保此本的。但是不论如何，上方山兜率寺大殿后壁镶嵌的这15条石上的刻经，的的确确是明末的版本。房山云居寺石经中也有明代刻板《佛说四十二章经》，具体时间不明，推断似乎与董其昌刻经有关，其代表作云居寺“宝藏”刻石，刻于明崇祯四年（1631），其在京城石灯庵刻经活动大致在天启、崇祯间（1621—1644）。故此刻应晚于冯刻。但它们还都不是最早的石刻版本，据冯本刻石末尾刘效祖的跋文记，尚有“六合塔本”，但由于暂时无法前去杭州证实，不好促下断言。仅可知“六合塔”作为国家级文物保护单位，在各种对该名胜古迹的介绍中，有一段值得参考的叙述：“塔内保存众多的文物古迹，较著名的有南宋尚书省牒碑与四十二家书写的四十二章经残石。”说得比较笼统含糊，且其“四十二家书写的”怀疑是对“四十二章经”的误解，并没有专业明确其为南宋本的记载，故尚存疑待定。

四、关于跋文作者刘效祖

刘效祖，字仲修，别号念庵，生卒

年不详，但据此跋文可知他在万历五年仍在世。原籍滨州、寓居北京，明代散曲家、军事家、史地家，有《词脔》《裁冰剪雪》《良辰乐事》等文学作品行世。嘉靖二十九年（1550）进士、历任卫辉府推官、户部主事、蓟辽兵备副使，官至陕西固原兵备副使。曾婉谢严嵩罗致。在任时执法甚严，御敌有方，为人陷害罢归乡里。“五原人扶老携幼，号泣车前，声闻四十里。”任时与人同撰《四镇三关志》。后因负才不偶，与时龃龉，因故罢官。估计此时即在万历四年（1576）左右。于是退居林泉，寄情词曲、小令、以抒其悒郁愤懑之愁思。曾作诗抒愤曰：“更生霜鬓已萧骚，敢谓文章掩彩毫；过误偶承明主问，因缘不是郁轮袍。”感叹自己老之将至，空有才华，却没有赶上像唐朝王维那样的机遇，还受到了皇帝的冤枉。接着可能就遇上了同样也不太顺心的冯保在刻《四十二章经》，于是受其所托，为之作跋。时在次年的1577年。两位遭遇不尽相同，一位已至“不顺”，一位后来“不顺”，结局极为相似的“同调”碰在一起，于是才留给后人这部石刻的经典。跋文中有“乃者上方山兜率寺僧宗莲，欲追往事，再播真珉”之语，此“宗莲”怀疑即天香修道禅师。万历七年（1579）《天香修道禅师塔记》曰：“师字天香，讳宗连，顺天武清县人氏”。此经刘效祖跋于五年，时间吻合。

五、《佛说四十二章经》书法镌刻欣赏

《佛说四十二章经》的书法可以用以下几个词语概括：章法严谨，字法规矩；用笔自如，刀法简洁；选材精良，分板自然；馆阁先锋，书学模范；虽非最早，版本占先。

一眼望去，字大如拳，非常醒目。十五条宽窄不一的石板镶嵌在墙芯里，在石条外框的笼罩下，黑石白字，字字珠玑，刀刀聚力，字距行距间无任何零乱之感。整体上看，疏密布局，横行竖行、密度空间设计合理。因为不论哪种版本，都是那些内容，多多少少差异不会太大。但是面对着偌大的墙面，留多大的墙芯，罩多大的石框，十五条石如何分布这3000个大、小字，计算使用几“号”字，提行、空格、分行、分段、分板时，如何使其章法不乱，并于十五条石上均匀布满，且从头至尾一气呵成，相邻衔接有序，疏密得当，首尾呼应（图三、图四）。在当时，设计、书写、镌刻、施工者之间必须配合默契才能达到。山那么高、石那么重、活儿那么繁，如果没有冯保对工程资金的保障、工匠们对佛教的那份虔诚，恐怕也是难以实现的。从文字的镌刻上来看，不但字体大小、韵味、笔势一致，就连镌刻上也没看出不一致的地方，也是“一刻到底”的。虽然落款刻工是“任应椿、张应乾”二人，但却看不出“二人”区别的痕迹，可见二人是有分工的。比如一人打底，一人完善；一人摹勒上石，一人奏刀代笔。绝非是一人刻前段，一人镌后段的。所以这种类似于唐朝“写经体”一样的书法，背后一定是有故事的。

清代学者谢振定造访兜率禅林时，看到大殿后墙的《佛说四十二章经》刻石，形容“笔法颇媚劲（隽秀俊美）”，“题为冯保书”，并质疑说“保固不以书名，想当时托寄宦门以邀显达者，不知出谁氏之手。”他认为一个太监未必能有如此妙书，而且冯保也不是一个以书法出名的宦人。只不过是他委托官宦书家代笔以招徕更多的达官显贵而已。或可理解为某善书者甘愿埋名书丹，而托名冯保，以此来获进身之阶。宗室麟庆作《游上方山记》：“入门为佛殿，次斋堂。殿后壁刻《佛说四十二章经》，明太监冯保书，笔力遒整，不知是真是倩？”他也怀疑此经系冯保请人代笔之作。

实则不然，冯保是一位具有“儒者风度”的大太监，喜文玩，好收藏，精棋

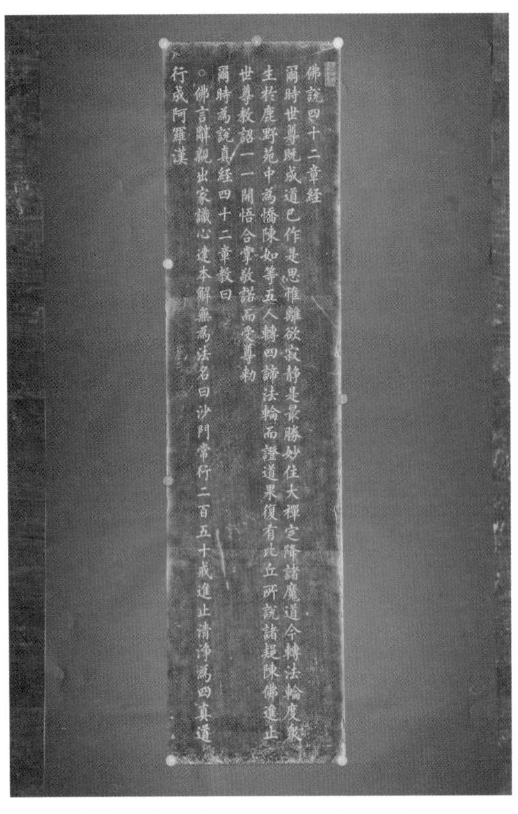

图三 四十二章经刻石第一石拓片

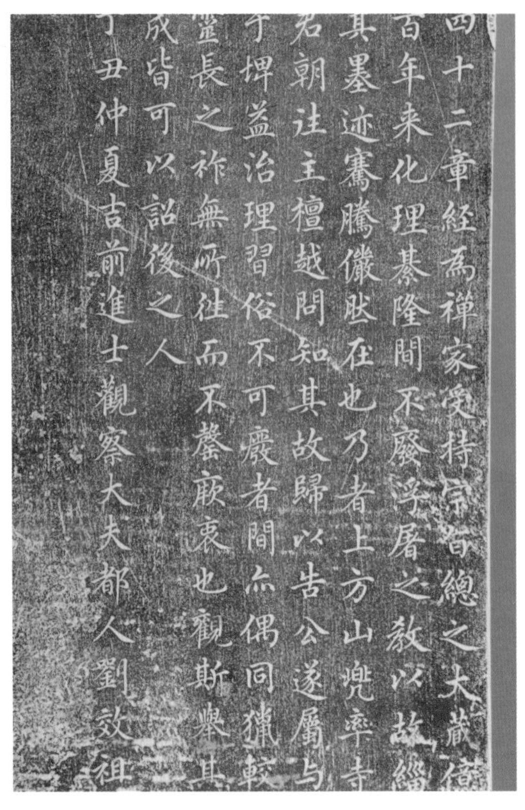

图四 四十二章经刻石第十五石拓片（局部）

艺，善书法，万历皇帝知其雅好，赐之以象牙图章，刻“光明正大”“尔惟盐梅”“汝作舟楫”“鱼水相逢”“风云际会”。冯曾于万历六年（1578）借观神宗所藏《清明上河图》末尾留下过亲笔题跋，该墨迹同样规整清秀，不失为大家风范，同样是楷体字，较之此《经》却多了几分文人的个性。限于载体与再加工的关系，本刻《经》似乎多少有些“台阁体”的拘束。如此的一位“雅士”，敢跋《清明上河图》，难道就不能书丹《四十二章经》吗？另外，如果说他为攀附权贵请人代笔书丹的话，为什么却在末尾请弃官林下且对朝廷有一肚子怨气的刘效祖来作跋呢？再有，此时的神宗还是一位少年皇帝，与大臣（首辅）张居正与太监（内相）冯保关系还算不错，尚未出现嫌隙。请注意，在冯保《佛说四十二章经》15条刻石之首有一方小小的迎首章，甚至常人都看不清楚字迹，但其内容却反映了冯保当时的一种心态，印文内容是“鱼水相逢日，风云庆会时”。冯保《清明上河图》的跋尾上，钤盖的是“侍御余暇”引首章。都表现的是一种能为皇帝服务的高兴之意。而在此其将皇帝赐印的原文，加两字、改一字。这一加一改，只能说突出的是一个“更”字。原“鱼水相逢”“风云际会”，只是皇帝对于君臣关系融洽的认可，而“鱼水相逢日，风云庆会时”，则是冯保对皇帝的一种感恩情愫的外露。所以说此经书法为“攀附权贵”是不成立的，因为此时冯保与张居正才是权贵，只能是被别人“攀附”而已。因此溥儒版《上方山志》卷四《碑碣·佛说四十二章经碑》条直书“万历丁丑（五年，1577）仲夏，司礼监掌监事冯保书”。从心里虽不认可太监，但此事他是认可的。

综上所述，不论是冯保的太监身份，还是上方山的《佛说四十二章经》是否为冯保亲自书丹，至少该刻石是目前所能见到的最早的一部《佛说四十二章经》的实物，它是先人给我们留下的一部珍贵的文物宝藏。至今保存尚未完好，亦初露险情。对于它的研究尚需深入，对于它的保护等诸多问题，以俟大方之家。

录文：

佛说四十二章经」

尔时世尊既成道已作是思惟离欲寂静是最胜妙住大禅定降诸魔道今转法轮度众」

生於鹿野苑中为憍陈如等五人转四谛法轮而证道果复有比丘所说诸疑陈佛进止」

世尊教诏一一开悟合掌敬诺而受尊敕」

尔时为说真经四十二章教曰」

○佛言辞亲出家识心达本解无为法名曰沙门常行二百五十戒进止清净为四真道」

行成阿罗汉」

（以上第一石）

○佛言阿罗汉者能飞行变化旷劫寿命住动天地次为阿那含阿那含者寿终魂灵上」

十九天於彼证阿罗汉次为斯陀含斯陀含者一上一还即得阿罗汉次为须陀洹须陀」

洹者七死七生便证阿罗汉爱欲断者如四支断不复用之」

○佛言出家沙门者断欲去爱识自心源达佛本理悟无为法内无所得外无所求心不」

系道亦不结业无念无作非修非证不历诸位而自崇最名之为道」

○佛言除须发为沙门受道法者去世资财乞求取足日中一食树下一宿慎莫再矣愚」

人所爱舍之与欲」

○佛言众生以十事为善亦以十事为恶何等为十身三口四意三身三者杀盗淫口四」

者两舌恶口妄言绮语意三者嫉妒恚此十事不顺圣道而名十恶大业若解悔之而归」

至理十善行耳」

（以上第二石）

○佛言人有众过而不自悔顿息咸容诸患□己罪来赴身如水归海自成深广何能免」

离若人有恶自解知非改过得善罪自消灭如病得汗渐有痊损耳」

○佛言愚人闻吾善者善之故恶来挠乱□自禁息当无瞋责彼自恶者而自恶之有人」

闻吾守道行大仁慈恶者来往故致骂佛佛默不对悯之痴冥骂止问曰子以礼从人其」

人不纳礼归子乎今子骂我我亦不纳子自持祸归子身矣犹响应声影之追形终无免」

离慎勿为恶」

○佛言恶人害贤者犹如仰天唾唾不□天公还从己身堕逆风飏恶尘不能污上人贤」

（以上第三石）

者不可毁祸必降凶身」

○佛言夫人为博爱道必难会守志奉道其道甚大睹人施道助之欢喜重加福报人天」

善利」

○佛言犹如炬火数百千辉洞见诸像道亦如之」

○佛言饭恶人百不如饭一善人饭善人千不如饭一持五戒者饭持五戒者万不如饭」

一须陀洹饭百万须陀洹不如饭一斯陀含饭千万斯陀含不如饭一阿那含饭一亿阿」

那含不如饭一阿罗汉饭十亿阿罗汉不如饭一辟支佛饭百亿辟支佛不如饭一三世」

（以上第四石）

诸佛饭千亿三世诸佛不如饭一无念

无住无修无证之／」

〇佛言天下有二十难贫穷布施难豪贵学道难判命不□难得睹佛经难生值佛世难」

忍色忍欲难见好不求难被辱不瞋难有势不临难触事无心难广学博究难除人灭我」

难不轻未学难心行平等难不说是非难会善知识难见□学道难睹境不动难善解方」

便难随化度人难」

〇有一沙门问佛以何因缘得知宿命会其至道明见诸有佛言道无形相知之何益要」

（以上第五石）

当守志如磨镜师精心用意而得尘尽垢去明存即自见形如睹诸有断欲无求当得宿」

命」

〇有比丘问佛何者为善何者最大佛言行道守真者善志与道合者大」

〇有沙门问佛何者多力何者最明佛言忍辱多力不怀恶故兼加安健忍者无恶必为」

人尊欲最明者心垢除灭净无瑕秽未有天地逮于今日十方所有未尝不见无有不明」

无有不知无有不闻得一切智可谓明乎」

（以上第六石）

〇佛言人怀爱欲不见道者譬如浊水致手搅之众人共临水上无能睹形影者为爱欲」

交错心中兴浊故不见道若人渐解忏悔来近知识水澄秽除清净无垢即自见性耳」

〇佛言夫为道者譬如持炬入冥室中其冥即灭而明犹存学道见谛无不明矣」

〇佛言吾法念无念念行无行行言无言言修无修修会者近尔迷者远乎言语道断非」

物所拘差之毫厘倏忽须臾」

〇佛言睹天地念非常睹世界念非常观灵觉即菩提如是知识得道疾矣」

〇佛言孰自念身中四大各自有名都无我故我既不起其如幻耳」

（以上第七石）

〇佛言人之随情欲求声名名之显照身之故耳身虽故已而受诸恶名之显已世之常」

名而不学道枉功劳形譬如烧香人虽闻香香自烬矣危身之火悔之在后」

〇佛言财色于人人之不舍譬刀刃有蜜不足一餐之美小儿舐之有害舌之患」

〇佛言人系于妻子七宝舍宅之患其甚牢狱牢狱有散适之文妻子无合魂之理情欲」

所爱于色岂惮驱驱虽有虎口之祸心存甘伏投泥自溺故曰凡夫透得此门出尘罗汉」

〇佛言爱欲莫同于色若二同者孰为道人贪色兴欲而有损乎不顺天道矣」

（以上第八石）

〇佛言爱欲之人犹如执火逆风而行必烧手也天神献玉女于佛欲以试佛观佛道意」

而定遐迩佛言革囊众秽尔来何为以可斯俗难动六情去吾不用汝天神逾敬因问道」

意佛为解说即得须陀洹果」

〇佛言夫为道者犹木在水寻流而行不触两岸不为人取不令鬼神所遮不为洄流所」

住亦不腐败吾保此木决定入海矣人为道者不为欲情所惑不为众邪所娆精进无疑」

吾保此人得其道矣」

〇佛告学道者慎勿信汝意汝意终不可信慎勿与色会色会即祸生当得阿罗汉乃可」

（以上第九石）

信意」

〇佛告诸弟子慎勿视女人亦莫共言语身得无上乘视语都无污视色无色想对欲无」

欲意莲华不着水清净超于彼老者父母想中宿如亲类稚者如子孙幼者如弟妹一度」

一切众现世得出世若能如是解无钱亦富贵」

○佛言人为道故当舍情欲如彼干草火来须避道人见欲必当远之」

○佛言有人患淫不止踞斧刃上以自除其阴佛谓之曰若断其阴不如断心心为功曹」

若止功曹从者都息邪心不止断阴何益斯须即死」

○佛言世俗倒见不善吾理如此痴人残形损质断圣种故未可会道佛为偈曰欲生于」

汝意意以思想生二心各寂静非色亦非行佛言此偈是伽叶佛说流在世间」

○佛言人从爱生爱从忧生忧从怖生若离于爱何忧何怖」

（以上第十石）

○佛言人为修道譬如一人与万人战挂铠排兵出门欲战意复怯弱畏生死魔乃自怕」

怖或半路而还或格斗而死或得大胜还国高迁若人能坚持其心精进勇锐不惑前境」

灭尽阴魔不久得道矣」

○有沙门夜诵迦叶佛遗教经其声悲紧欲悔思返佛敕问之汝处于家昔为何业□□」

爱弹琴佛言弦缓如何对曰不鸣矣弦急如何对曰声绝矣急缓得中如何对曰□□□」

矣佛告沙门学道亦然心须调适道可得矣」

（以上第十一石）

○佛言夫人为道者犹如锻铁去屎成精器必好也学道之人先去垢□□自清□□□」

若暴暴即身疲其身若疲意即生恼其意生恼行即退矣其行既退罪必加矣□□□□」

乐不失道矣」

○佛言夫人离三恶道得为人难既得为人去女即男难既得为男六情完具难六情既」

具生中国难既处中国值诸佛难既值诸佛遇道者难既遇道者兴信心难既兴信心发」

菩提难既发菩提无修证难」

○佛言佛子去离吾数千里忆念吾戒必得道果在吾左右目常睹见心无思慕终不得」

（以上第十二石）

道如不疏敬仰及无懈怠即得圣位当坐道场邪」

○佛问诸沙门人命在几间对曰数日间佛言子未能为道复问一沙门人命在几间」

曰饭食间佛言子未能为道复问一沙门人命在几间对曰呼吸间佛言善哉善哉□□」

道者矣」

○佛言若人得道犹如食蜜中边皆甜吾经亦尔」

○佛言为道人者佛所言说皆信顺故能伏爱欲之根不□三业当行佛道示三□□□」

得胜处」

（以上第十三石）

○佛言诸沙门行道犹如磨牛无有休息身虽行／行／」

牛负重行深泥中疲极不敢左右顾视出于淤泥以□苏息沙门情欲此 ／」

道可免苦矣」

○佛言吾视王侯之位如过尘隙视金玉之宝如睹瓦砾视纨素之服如睹币帛视大千」

界如一诃子视四耨水如涂足油视方便门如化宝聚视无上乘如梦金帛视求佛道如」

眼前华视求禅定如须弥柱视求涅槃如昼夕寤视倒正者如六龙舞视平等者如一真」

地视兴化者如四时木」

佛说四十二章经终」

钦差总督东厂官校办事」

乾清宫管事提督两司房司礼监掌监事兼掌御用监印太监镇阳冯保沐手拜书」

（以上第十四石）

佛言四十二章经为禅家受持宗旨总之大藏亿余言皆权舆是」

圣明二百年来化理綦隆间不废浮屠之教以故缁衣者流咸秉戒律以资祝釐旧传是经有□」

六合塔本为一时名公洒」

翰令其墨迹骞腾俨然在也乃者上方山兜率寺僧宗莲欲追往事再播真珉以其资力未」

敷若有待会司礼太监冯公」

命孔君朝往主檀越问知其故归以告公遂属与同志刘君寿共毕厥愿於戏司礼公敦」

崇骏业以辅毗」

熙朝其于埤益治理习俗不可废者间亦偶同猎较要以爱国忠」

君仰祝灵长之祚无所往而不罄厥衷也观斯举其功德无量岂独施及茈刍已哉孔君刘」

君公名下嘉士奉公德意而从」

臾助成皆可以诏后之人」

万历丁丑仲夏吉前进士观察大夫都人刘效祖顿首跋」

本山住持智宇」

镌字东安任应春」

张应乾」

十五」

（以上第十五石，小号字镌刻）

（作者单位：北京石刻艺术博物馆）

（上接第7页）

花经》卷第四丙题记，文物出版社，1991年。

⑳［清］焦循撰、沈文倬点校：《孟子正义•尽心章句上》，中华书局，1987年。

㉑《资治通鉴•齐武帝永明三年》，上海古籍出版社，1987年。

㉒《北史•周本纪上•孝闵帝》，中华书局,1974年。

㉓唐贾璥墓志，开元三年（715）上石。2005年5月在北京大兴区黄村老街危房改造地基挖掘现场出土，志石现收藏于北京大兴区文物保管所。志文最早见载于刘丽玲：《唐贾氏家族墓志简析》，《北京文博》2006年第2期。

㉔唐王时邕墓志，会昌六年（846）上石。1985年5月在北京丰台区槐房乡六必居酱园基建工地出土，志石现收藏于北京丰台区文物管理所。志文见载于《北京市文物研究所藏墓志拓片》《新中国出土墓志•北京卷》等书籍。

㉕［元］孛兰盻等撰、赵万里校辑：《元一统志》卷一，中华书局，1966年。

㉖［唐］义净原著、王邦维校注：《大唐西域求法高僧传校注》卷上，中华书局，1988年。

㉗吴则虞：《晏子春秋集释•晏子病将死凿楹纳书命子壮示之第三十》，中华书局，1962年。

（作者单位：首都博物馆）

首都博物馆藏《颐和园建筑图》初探

李　晴

首都博物馆藏《颐和园建筑图》[①]于1957年入藏，画卷纸本设色，横260.2厘米，纵135.7厘米，采用平面立体相结合的构图方式，描绘了清代清漪园（颐和园前身）的建筑平面布局（图一）。通过对画卷认真观察、研读和分析，得以了解图卷本身包含的丰富内容，也发现了图卷内容所包含的大量信息。

颐和园是“三山五园”中现存规模最大、保存最完整的皇家园林。元、明时期在瓮山、瓮山泊周围先后建有大承天护圣寺、圆静寺、好山园。清乾隆十五年（1750），乾隆皇帝以建造佛寺为母亲祝寿为名，兴建大报恩延寿寺，并将瓮山更名为万寿山，瓮山泊更名为昆明湖，乾隆二十九年（1764）完工，赐名“清漪园”。咸丰十年（1860）清漪园被英法联军烧毁，光绪十四年（1888）重建[②]，改名为“颐和园”。《颐和园建筑图》实际上描绘的是清漪园建筑图，因入藏时以“颐和园”为名，所以文中仍以“颐和园”称之。

一、画卷描绘的内容

《颐和园建筑图》描绘出颐和园的整体布局，以万寿山为主，虽然也勾画出昆明湖的轮廓，但只画了昆明湖北部的范围，并未对湖中景色进行描画，也未对湖上的小岛及岛上的建筑做出描绘，图卷中万寿山约占画面2/3，昆明湖约占画面1/3。万寿山部分既包括园内各苑囿、长廊、亭台、殿堂、楼阁，也用曲线勾画出不同区域小土山、水域的位置形状。整幅图大致分为四个区域：万寿山西部区域建筑、万寿山前山区域建筑、万寿山东部政

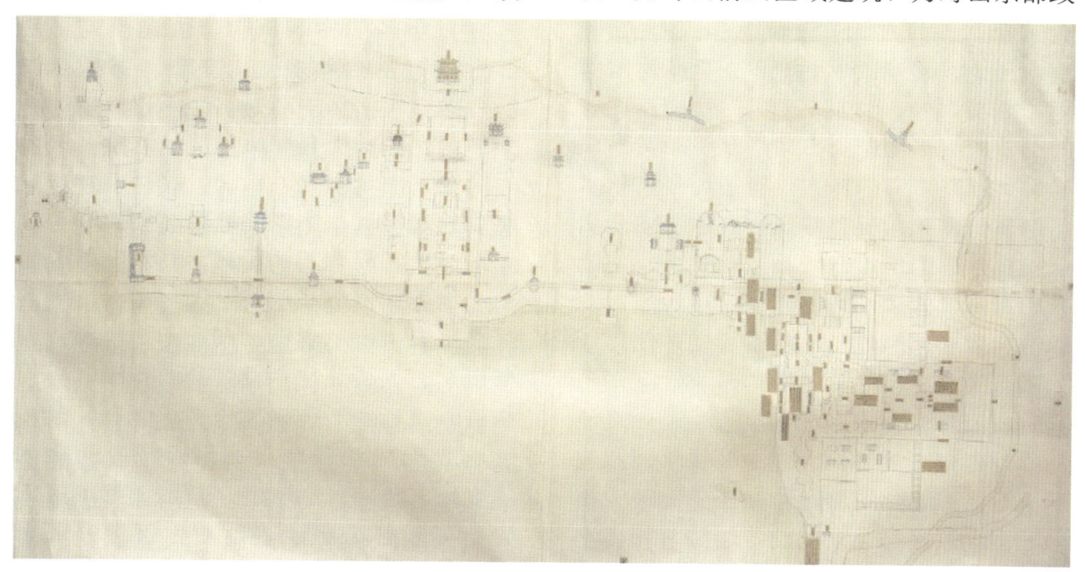

图一　清《颐和园建筑图》（首都博物馆藏）

治活动区域建筑和生活居住区域建筑。

1. 万寿山西部区域建筑

画卷自西向东，由北向南依次为五圣祠、荇桥、城关、买卖街、石舫、延清赏（楼）、画中游建筑群、听鹂馆以及由长廊连接的石丈亭、清遥亭、山色湖光共一楼、鱼藻轩和码头。

五圣祠在万寿山西麓外的一座小岛上，包括大殿一座及左右配殿，乾隆十九年（1754）建成，供奉火神、山神、地神、谷神、花神五圣，五圣祠所在小岛用线描勾勒，小岛与万寿山由荇桥连接，荇桥东西各立有牌楼一座，牌楼以东为买卖街，一直向北至城关，即宿云檐城关。

买卖街是御苑中的宫市，街市两侧绘有若干商铺建筑，买卖街东侧为“延清赏”，即延清赏（楼）。画面中延清赏（楼）东侧所绘为“画中游”组合建筑，包括画中游、借秋楼、爱山楼三座建筑，主殿面阔三间，前后围有长廊，长廊围起的小园中绘有一座石碑，借秋楼与爱山楼在画中游南侧左右对称，三建筑通过游廊连接。

买卖街向南是听鹂馆。听鹂馆坐北朝南，厅院北边正中是一座戏台，东西有长廊连接，东侧经由长廊连接一座三层阁楼式建筑，为“山水湖光共一楼”，再以长游廊连接湖畔鱼藻轩，鱼藻轩正对码头。石丈亭向西呈“门”字形，始建于乾隆十八年（1753），咸丰十年（1860）毁于英法联军大火。画面中“门”字中以曲线勾画丈人石平面图，石丈亭绘于万寿前山长廊最西端，向东依次绘有清遥亭、秋水亭两座重檐八角亭台建筑，秋水亭向北是云松巢，图中所绘云松巢坐北朝南，面阔五间，围以曲垣，南面垂花门可进出，东北边游廊连接绿畦亭，从游廊向东便再连接邵窝（殿），形成一组建筑景观。

2. 万寿山前山区域建筑

这部分内容在图卷中主要以平面图表示，绘制三路建筑群，中路山下湖边大报恩延寿寺前区域东南西北各绘制一牌楼平面图，中线从大报恩延寿寺向北依次绘大雄宝殿、佛香阁和智慧海建筑，大雄宝殿前立有牌楼一座，东西配殿各一座，大雄宝殿后为宝云阁，建筑四周以爬山游廊连接，院落内标注有石碑四座；佛香阁前绘有福式踏跺，四周围有爬山游廊；向北过牌楼最高处绘有智慧海建筑，主体饰以黄色，门饰以红色。西路平面图从南向北依次勾画标注山门、罗汉堂、影壁、牌楼，最北端绘有重檐歇山顶宝云阁建筑；东路最南端绘彩色山门图，向北标注慈福楼，再向北绘有转轮藏建筑群，包括主殿及两个配亭，主殿殿顶为三个勾连搭攒尖顶，配亭为上下二层，主殿正前线描勾画一座石碑，即万寿山昆明湖碑。

乾隆年间对大报恩延寿寺到山顶佛香阁、智慧海一线的修建，是乾隆皇帝对藏传佛教采取尊重和扶持的态度在清漪园规划中的重要体现，因为他深知“兴黄教即以安众蒙古”；另一方面，为皇太后庆寿的做法也是他标榜自己践行孝道，宣扬仁孝以治天下。

万寿山中部建筑前，沿湖长廊把山前建筑连接起来，中间建有“留佳”“寄澜”“秋水”“清遥”四座象征春夏秋冬四季的八角重檐亭，形成东西轴线，与前山南北轴线在大报恩延寿寺前相交。

万寿山前山东部区域绘制了“无尽意轩”院落，该院落始建于乾隆十九年（1754），重建于光绪十七年（1891）。图卷仅以平面图形式表示，院内正殿面阔五间，东西各配有厢房，前后有廊。“无尽意轩”向东为“养云轩”院落，养云轩是颐和园中现存不多的乾隆时期的建筑，正殿一座，配有东西厢房，养云轩门前绘有小池塘，俗称葫芦湖，湖上勾画出一座汉白玉石拱桥示意图。湖前即是长廊。养云轩东有天桥通往乐寿堂的西花园。再向东进入宫廷生活区。

“无尽意轩”与“养云轩”向北为“餐秀亭”，小亭1860年被英法联军焚毁，光绪朝重修颐和园时改建为“卷书式平台”[③]，后改名为“福荫轩”（图二）。

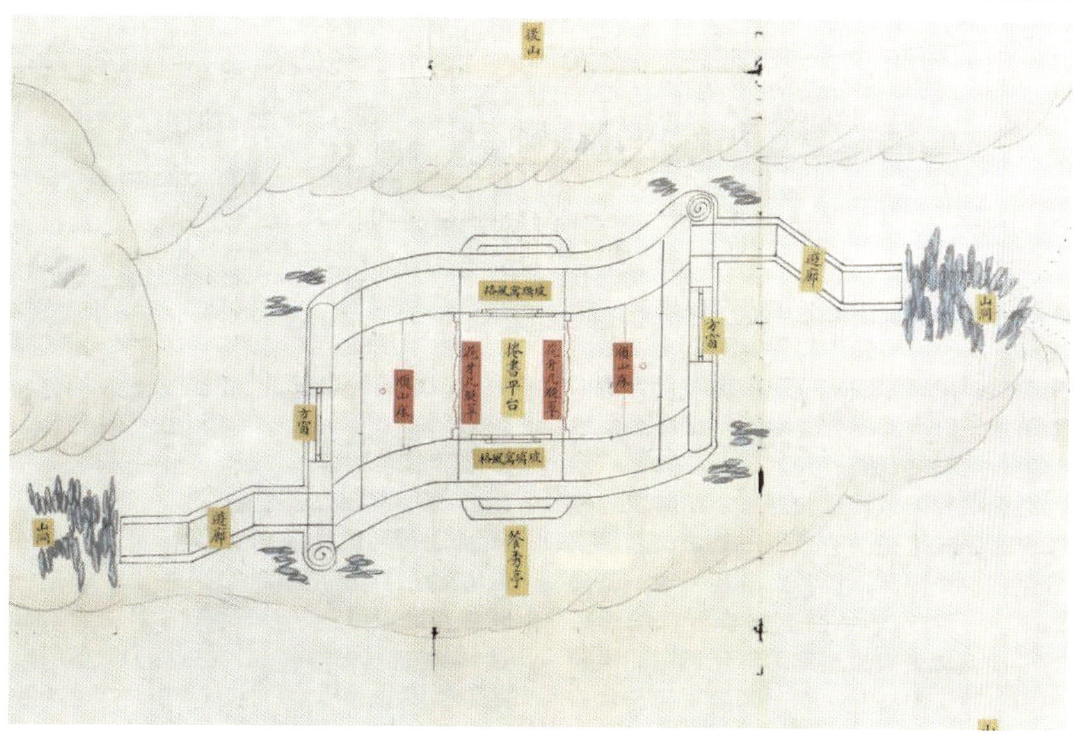

图二 光绪朝福荫轩地盘样（引自《国家图书馆藏样式雷图档·颐和园卷》）④

3.万寿山东部区域

这部分区域主要是生活居住建筑和政治办公建筑，生活居住区域建筑主要指乐寿堂、玉澜堂、宜芸馆三座大型四合院落。图卷以平面图的形式表现这一区域布局。

乐寿堂位于昆明湖北岸，是慈禧在颐和园内居住生活的寝宫，也是颐和园内最主要的居住生活区域，画卷中标注码头正对乐寿堂建筑群宫门——“水木自亲”。“水木自亲”坐北朝南，据记载，当年慈禧太后由水路入园时，常在这里下船直进乐寿堂，向北在乐寿堂前的庭院里，线描勾画横卧着的大石头青芝岫，庭院东西为东穿堂“绿天深处”，西穿堂“虑澹清漪”，再向北为乐寿堂后殿。宜芸馆、玉澜堂位于昆明湖东侧，南北向坐落，宜芸馆位于玉澜堂北侧，西边靠近乐寿堂，是光绪帝的皇后隆裕皇后在颐和园居住的寝宫。画卷中宜芸馆院落有主殿及东西配殿各一座，通过游廊连接，东配殿道存斋，西配殿近西轩，院落正中铺甬道，呈左右对称，甬道南到垂花门，出院落即是玉澜堂。

玉澜堂是光绪帝的寝宫，光绪二十四年（1898）戊戌变法失败后，光绪皇帝曾被幽禁于此处。院落中正殿玉澜堂坐北朝南，东配殿霞芬室，西配殿藕香榭，西北角标注夕佳楼一座，东北角与夕佳楼对应的位置建筑平面图文字标注“东顺山房一座”，东配殿霞芬室画有后门，后门外有土山路连接勤政殿。勤政殿即“仁寿殿”，仁寿殿始建于清乾隆十五年，咸丰十年被英法联军烧毁，光绪十二年（1886）重建时改名仁寿殿。仁寿殿位于宫门内正西，坐西朝东，面阔七间，高大雄伟，南北配殿各面阔五间，向东建有牌楼门，牌楼门外南北各建有两层九卿房，宫门南北分别线绘有群朝房。

宜云馆以东、勤政殿以北为“宜春堂”院落。图中该院落前后两进，主殿“宜春堂”五开间，配有三开间的东西配殿，前院有垂花门，东西有游廊连接，绘制非常完整，它就是光绪年间修建德和园大戏楼的前身。在清代历史档案中，该建筑也以“怡春堂”的名字出现，宜春堂在道光年间（1821—1850）失火焚毁，光绪年间改建，改建后的大戏台是慈禧太后看戏的场所。

二、画卷的表达方法

从绘画技法上看，图卷尺幅大，构图饱满，以平面与立体相结合的方式绘制，用线勾画建筑、院落平面图清晰有力，描绘山石、水域等部分轻柔生动。画卷中虽然也有很多建筑的样式，但主要以平面图的表现形式为主，对万寿山东部区域的描绘尤其如此。画面的颜色比较单调，虽然设色，但主要体现在智慧海和个别小山门的红色，以及亭阁建筑屋顶的蓝色上。

图卷以黄底黑字楷书标注图记，记录了图中绝大部分建筑、院落的名称。对万寿山东部生活区域、政治活动区域的建筑标注了详细规制、尺寸，可以当作工程图样。这些记录的作者当时一定没有想到这座皇家园林后来会毁于战火，但也正是因为当时的详细记录，对后世观察和重建这些建筑发挥了重要的作用。今天我们在欣赏这幅画作时，这些图记、标注也成为帮助我们认识和理解这些或壮观或秀美的古代建筑的钥匙。以“乐寿堂”为例，万寿山东部乐寿堂正殿的平面图，详细标注出了该殿形制尺寸：“乐寿堂正殿一座，七间，通面宽九丈三尺五寸，进深二丈八尺五寸，前后廊各五尺，前抱厦五间，后抱厦三间，各进深九尺。”再向北为乐寿堂后殿，图卷标注“后殿一座，九间，通面宽十丈二尺，进深二丈，前后廊各深四尺二寸”。结合图像，形象地展现了建筑的形状、体量和规模。

三、图卷所反映的创作背景信息

1. 画卷的创作年代

颐和园修建过程中，包括万寿山前山在内的大部分主要建筑于乾隆十九年（1754）已经基本建成。光绪十二年（1886）重修清漪园完成后，“大报恩延寿寺”变为“排云殿”，“勤政殿”更名为“仁寿殿”，改建了德和园“大戏台”，“清漪园”也更名为“颐和园”，所以根据画卷中标注的“大报恩延寿寺”“勤政殿”等建筑名称，以及在画卷东部勤政殿院落中标注的“清漪园”名称判断，《颐和园建筑图》绘制于清代清漪园时期，即咸丰十年（1860）英法联军焚毁三山五园、清漪园被付之一炬之前。

需要特别提到的是，《颐和园建筑图》绘制的“宜春堂”建筑也为判断画卷的创作年代提供了信息。本文第一部分曾提到画卷中绘制于万寿山东部区域，在宜芸馆以东、勤政殿以北的院落“宜春堂”，根据清代奏折档案中记载，该建筑于道光二十四年（1844）因失火遭到焚毁[⑤]；同时期清宣宗实录记载了涉案官员苑丞嵩源被严格审讯，判处杖责一百流放新疆，园丁园户也都受到了相应惩罚的情况[⑥]。这也反映出当时“宜春堂”建筑焚毁程度之严重。首都博物馆馆藏另一幅绘制于清晚期《颐和园方位全图》，画卷中“宜春堂”的位置绘制了“大戏台”建筑，即德和园大戏台，结合史料对照看来，画卷中建筑的规制、院落的情况都发生了很大的变化，由于目前笔者只见到了一幅馆藏这一时期的清漪园图卷，而建筑院落清晰地绘于画面中，推测该画很可能绘制于“宜春堂”建筑被火毁之前，即乾隆十九年至道光二十四年（1754—1844）这段时间。

2. 修建清漪园和颐和园的作用

乾隆十六年（1751）是皇太后钮祜禄氏六十整寿，一向标榜“孝治天下”的乾隆皇帝，以庆祝皇太后寿辰为由，于乾隆十五年选择瓮山圆静寺旧址兴建“大报恩延寿寺”，同时在万寿山南麓沿湖开建园林建筑。这是开篇述说的兴建颐和园的原因，实际上，在兴建大报恩延寿寺、将“瓮山”更名为“万寿山”的同时，也将“西湖”更名为“昆明湖”，后者正是一直以来大内宫廷水源的提供者，也是沟通北京城与大运河之间的通惠河的上源。明代以来，西湖的多次溃堤就一直危害农业生产，乾隆初年西北郊大小园林的陆续修建，又造成了上源水源的截流，于是在乾隆十四年（1749）冬天，清廷开始进行西北部规模最大的一次水系整理工程，一方面修整玉泉山、西山一带的泉眼和水道，另一方面疏浚、开拓西湖作为蓄水库，并建置相应的闸涵。乾隆皇帝后来在《万寿山昆明湖记》中写道：“及湖成而水通，则汪洋漭沆较旧倍盛，于是又虑夏秋汛涨或有疏虞甚哉……今之为闸、为坝、为涵洞，非所以待汛涨乎？非所以济沟塍乎？非所以启闭以时，使东南顺轨以浮漕而利涉乎？昔之城河水不盈尺，今则三尺矣。昔之海甸无水田，今则水田日辟矣。”（图三）因此颐和园的修建把农田水利建设与休闲造园成功地结合在一起，这也是乾隆皇帝在建园之后经常关心昆明湖的水情、不时过问闸门启闭的原因。

清朝后期，社会动荡，外敌入侵，清政府屡吃败仗，割地赔款，皇家园林也遭到了毁灭性的破坏。重修清漪园并改名颐和园以后，也有画家记录了重修后的颐和园全景图，即首都博物馆藏的另一幅大体量颐和园建筑图卷《颐和园方位全图》，该图与本文所论述的《颐和园建筑图》相比，在万寿山东部生活居住和政治活动区多了很多建筑，例如“大他坦”“步军统领衙门”“堂档房”等，这些派出机构和服务保障建筑用房的建设，从一个方面说明了颐和园在清末的政治生活中发挥了更多的作用。实际上后来戊戌变法期间，光绪皇帝曾连续十二次到颐和园，与康有为等维新派人士商量变法事宜。变法失败后，光绪皇帝本人又被幽禁在颐和园玉澜堂。

四、画卷中发现的一些问题

完成于清中期的《颐和园建筑图》，对于我们了解颐和园在清漪园时期的平面布局、建筑形式及建筑本身所蕴含的文化内涵都具有非常重要的意义。笔者在阅读画卷过程中也发现了一些问题，例如：

第一，图卷东部，勤政殿区域南面朝房以西绘有两座院落，均没有标注，通过与另一幅《颐和园方位全图》对比分析，判断其中靠近昆明湖的没有标注的院落应为“耶律楚材祠”。耶律楚材曾做过元代

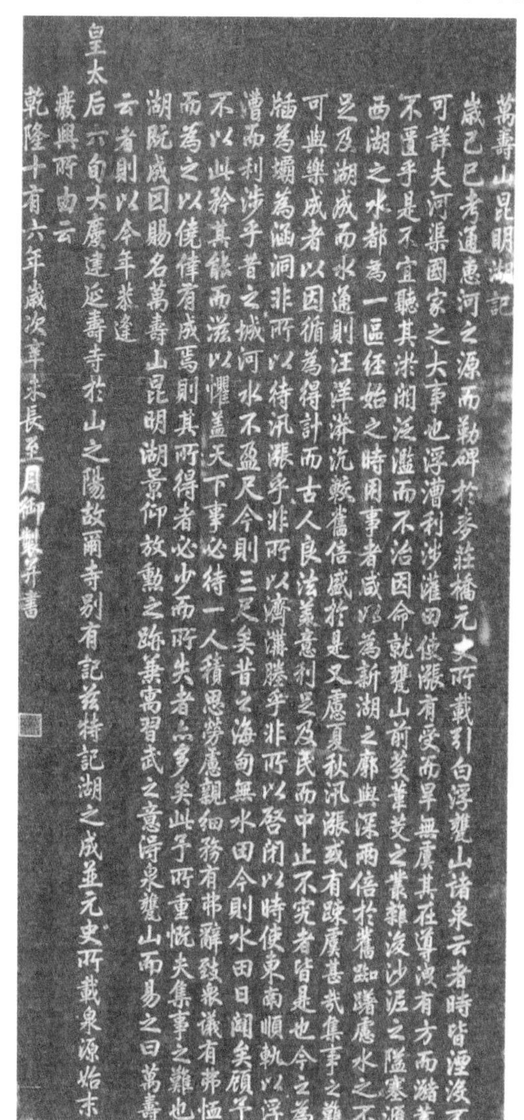

图三　万寿山昆明湖碑记（引自吴梦麟、陈辉：《北京三山五园石刻文化》，北京燕山出版社，2020年。）

中书令（宰相），乾隆朝修建清漪园时，将耶律楚材祠圈在园内，用城墙与周围区域分隔成为相对独立的院落。画卷中对万寿山东部区域建筑的描绘和标注都非常详细，而“耶律楚材祠”这座早已存在的建筑却没有标注在图中。

第二，画卷中部偏东，“无尽意轩”向北山坡上，建有一座很特别的建筑——“写秋轩”，写秋轩由一组建筑组成，其建筑本身的设计是古代“园林设计在条件不佳的山地去顺应山势而又创造更为理想的自然环境的重要体现”⑦，同时又对整个万寿山前山中麓的建筑布局具有重要的作用。写秋轩组合建筑于1860年被英法联军烧毁，光绪年间重建时的形制也是非常特别的，这样一组重要的建筑在图中并未呈现，不知道原因是什么。

第三，在万寿山前山中麓，大报恩延寿寺南北一线、大雄宝殿后三开间式的殿堂标注“宝云阁”，通过查阅史料并结合图像分析应为大报恩延寿寺的“多宝殿”，此处标注很有可能是与多宝殿建筑西侧的“宝云阁”标注重复了。

此外，图卷还包含了大量的信息，笔者目前能看到的画卷有限，这些问题以及相关思考还需要查阅更多的画卷，特别是同时期的图像资料，才能予以佐证和研究，由图而文，尚有诸多需要深入探讨的内容，等待我们给予更多的关注。

---

①因参加北京市文物局2021年度“一对一”科研课题“首都博物馆馆藏文物中三山五园图像研究”，笔者有幸接触到首都博物馆馆藏中关于三山五园的图卷、画作及印章等有关文物。《颐和园建筑图》为这些文物中的一幅图卷。

②④光绪十二年（1886）清廷在原清漪园“耕织图”旧址兴建“水操内学堂”，十二月十五日水操内学堂举行开学典礼。同日，在大报恩延寿守旧址上改建的排云股、德辉殿举行“供梁”仪式，大规模的建园工程从此开始。据内务府光绪十三年（1887）开列的《万寿山已修未修齐工程清单》记载，这一年园内已竣工的建筑物共计二十四处，约占颐和园全部建筑的三分之一。到光绪十四年（1888）二月初一光绪皇帝颁发上谕正式公布重建清漪园并易名颐和国的时候，园工实际上已进行了一年零四个月。

③《光绪朝福荫轩立样图》，国家图书馆：《国家图书馆藏样式雷图档·颐和园卷》，国家图书馆出版社，2018年。

⑤道光二十四年（1844）正月十一日《奏为遵旨议处清漪园事务大臣奕纪等各员察失火事》载：“本月初十日丑刻，清漪园内怡春堂不戒于火”，中国第一历史档案馆，录副奏折，档号：03-2808-022。转引自张龙、祝玮、谷媛：《咸丰十年清漪园劫后余存建筑考》，《中国园林》2013年第3期。

⑥《大清宣宗成皇帝实录》（道光朝）卷476。

⑦张冬冬、谢明洋：《颐和园写秋轩造园艺术初探》，《风景园林》2015年第5期。

（作者单位：北京孔庙和国子监博物馆）

颐和园画中游建筑群历史沿革及造园艺术浅析

张　颖

颐和园的前身清漪园，兴建于乾隆十五年（1750），咸丰十年（1860）被英法联军劫掠、焚毁。光绪十二年（1886）开始重建，并于两年后改名颐和园。这座园林秉承乾隆盛世的雄厚财力和当时造园实践技术的成熟，依自然山水之势，因势巧借，移天缩地，是现存最大最完好的清代皇家园林。

画中游组合建筑虽部分经过重建，但较完整地呈现了初建时的形制，是颐和园现存古建中窥视这座御苑初建时的风采及乾隆皇帝内心世界的重要窗口。

一、画中游组合建筑概况

画中游组合建筑位于万寿山前山西侧，始建于乾隆年间，光绪时重修，占地面积约0.5公顷，主要由澄辉阁、爱山楼、借秋楼、画中游四座建筑组成。组合建筑依山而建，徐徐上行，错落分布，形成相对独立的山地小园林（图一）。

澄辉阁位于组合建筑中轴线的最南端，坐北朝南，为平面八方阁形式，重檐八脊攒尖顶。澄辉阁建筑面积184.32平方米，阁东北、西北分别建一座配亭。配亭

图一　画中游组合建筑示意图（天津大学建筑学院绘制）

占地面积不到澄辉阁的四分之一，体态玲珑，屋顶也采用重檐八脊攒尖顶，将澄辉阁衬托得更加宏伟高耸。澄辉阁、配亭及游廊的屋面为绿琉璃瓦心，黄琉璃瓦缘边，繁复富丽。

沿山势上行，中轴线东侧为爱山楼，西侧为借秋楼，楼的东、西各有爬山廊与澄辉阁相接。两座楼均坐北朝南，大小、形制皆同。面阔3间，柱高2.98米，建筑面积均为316平方米，硬山顶，前后有廊。

澄辉阁北侧是在天然裸露的山石上堆叠而成的一组假山，巧妙布置的山石与阁、游廊紧密相连，构成上下穿插的云步踏跺，增加了这组山地建筑的情趣。假山北面中轴线上是一座一间两柱不出头庑殿顶石牌楼，高3.19米，正脊两端有吞脊兽，脊上装饰三走兽，檐下八朵仿木斗拱。南面额枋上阴刻“山川映发使人应接不暇”，配联“幽籁静中观水动，尘心息后觉凉来”；北面额枋上刻“身所履历自欣得此奇观”，配联“闲云归岫连峰暗，飞瀑垂空漱石凉”。牌楼底部抱鼓石浮雕宝相花。

穿过牌楼是由爬山游廊环抱而成的庭院，庭院的主体是画中游正殿。建筑面积97.7平方米，面阔3间，坐北朝南，歇山顶，屋面用琉璃聚锦作法装饰。西边接耳房2间。

二、画中游历史沿革及修缮情况

（一）修建年代

乾隆三十二年（1767）七月十七日，内务府在《遵查万寿山等处工程逐一核算数目将管工大臣查议》奏折中言及“万寿山自乾隆十五年兴修起，至二十九年工竣”[①]。由此可知，清漪园工程开始于乾隆十五年（1750），乾隆二十九年（1764）竣工，但每个具体建筑施工的时间和过程尚无确切资料记载。

故宫博物院收藏的《清人万寿图卷》，绘制了崇庆皇太后万寿庆典时自清漪园至紫禁城寿康宫欢庆的场景。全图分为四卷，长达百余米，第一卷“嵩呼介景”描绘了清漪园东宫门外涵虚牌楼至昆明湖南长河入口处麦庄桥段的庆典场景，对研究清漪园具有重要的历史价值。乾隆十六年（1751）十一月初三日，郎正培面奉上谕：“于初八日着丁观鹏、张镐随驾，至万寿山起，至于寿安宫止，往看一路陈设等件，绘图四卷。钦此。”[②]乾隆二十六年（1761）十一月三十日，《万寿庆典图》作为皇太后七旬寿礼承进。由此可知：第一，《万寿庆典图》的作者到过万寿山实地考察，画卷具有极高的历史价值；第二，画卷历时十年完成，画内出现的建筑在乾隆二十六年之前应已建成。图中绘有清晰的澄辉阁，因此可以确定乾隆二十六年时澄辉阁已建成（图二）。

另外，乾隆二十五年（1760），乾隆皇帝作《爱山楼》：“问谁无所爱，仁者乃爱山”，乾隆二十九年（1764）作《借秋楼》：“窗挹波光庭种楸，一天飒景在高楼。履霜早是羲经著，底事循名更

图二 万寿庆典图（局部）

借秋”[③]，此后，又多次以两座楼为题作诗吟咏，因此推断这两座建筑最迟在乾隆二十五年、二十九年即已建成。

（二）历次修缮情况

1. 清漪园时期主要修缮

清代皇家园林一直沿用“岁修制度”，即建筑物建成后检查零修制度。乾隆四十三年（1778）六月二十七日，内务府的一份奏折中说：“苑丞文达等系承办粘修澄辉阁等项工程之监督，理应工竣及时赶办销算，乃迟至二年有余，今始奏销，殊属不合……”[④]。可以看出画中游组合建筑建成后，应在乾隆四十一年（1776）进行过修缮。

2. 光绪朝主要修缮

咸丰十年（1860）十月，英法联军入侵北京，清漪园众多建筑庭院被毁，只留下断壁残垣和秃山涸水。此后，咸丰、同治两朝都对其进行过修缮。直至光绪朝，慈禧为了自己准备归政后的离宫，选中清漪园旧址开始大规模的修缮，并将清漪园改名颐和园。有关画中游组合建筑的修缮记录，可从档案资料中摘录如下：

光绪十九年正月，爱山楼、借秋楼前后檐压面石均扁光见细。

光绪十九年二月，湖山真意、画中游、爱山楼、借秋楼均成作内外檐装修，前后檐压面等石扁光见细。

光绪十九年四月，画中游并东西游廊及迤北荷叶式围墙东面垂花门、湖山真意、爱山楼、借秋楼均油饰彩画。

光绪十九年七月，画中游并东西游廊迤北荷叶式围墙东面垂花门及湖山真意、爱山楼、借秋楼均油饰彩画，周围压面石占斧见细，八方亭竖立大木。

光绪十九年十月，画中游、爱山楼、借秋楼接作内檐装修，八方亭内墁地面砖，前面泊岸接錾石料。

光绪二十年正月，爱山楼、借秋楼前面泊岸安砌大料石。

光绪二十年七月，画中游、爱山楼、借秋楼成墁地面砖，前面泊岸接砌宇墙。

光绪二十年十月，画中游八角亭油饰彩画。

光绪二十一年四月，画中游八角亭油饰彩画。[⑤]

根据上述记载发现，光绪时期画中游组建修缮工程多为外檐装饰、地面铺墁、修葺宇墙、泊岸安砌石料、油饰等，对院落格局、建筑样式延续性修复，建筑格局及山石假山基本保留了初建时的形制。

国家图书馆收藏的“样式雷”颐和园图卷中，画中游前倭角亭图样中有一图签（图三）：“原查八方亭，因有积土柱顶未满露，现清理露明，系四方重檐倭角亭”[⑥]，结合光绪十九年（1893）七月修缮记录中“八方亭竖立大木已齐”的记载推断：光绪年间修缮时，澄辉阁破败的只剩下柱顶石掩埋在土中，主体建筑应是在咸丰十年的浩劫中倾覆。

从《万寿庆典图》中可以清楚看到，清漪园时期澄辉阁两层内部都是封闭的，在阁的四周环以明廊（图四）。嘉庆十二年（1807）《画中游等处陈设清册》对澄辉阁内的陈设有详细记载：

澄辉阁楼下面北靠方窗下安：紫檀藤

图三 画中游前重檐倭角亭图样

图四 万寿庆典中的澄辉阁

屉心宝座一张……两边假门贴张若澄着色花鸟画一张……楼上面南安楠柏木包镶床一张……两边假门贴汪由敦字对一幅……宝座上一层随板墙龛内供三彩瓷佛一尊，两边供青花瓷文殊普贤菩萨二尊……[7]

但在光绪年间的重修工程档案中没有看到对澄辉阁进行内檐装饰的记载，可见乾隆时期澄辉阁兼具远眺、游憩、供佛的功能，而光绪十九年（1893）重修时将其改为四周开敞的格局并保持至今，只留下了远眺的功能（图五）。

三、建筑特点、造园艺术探析

画中游组合建筑虽历经多次修缮，格局未作大的变动，特别是叠石部分，后期修缮中未查到对假山叠石进行过大规模扰动的记载，较好地反映了清漪园时期的造园风格。

《园冶》云："三分匠、七分主人。"乾隆皇帝虽然不是清漪园直接设计者，却是实际的主导者，从御园选址到园内亭台，乃至叠石、楹联、草木，都符合其造园思想、审美情趣和精神追求。乾隆皇帝倾心汉学，有着深厚的汉学功底和文人情怀。对于园林，他除了有游牧民族对山水的天然亲近感，更像许多文人一样，将建造园林当作追求生活理想境界的艺术活动。园林入画是中国传统园林追求的美学境界，也是清漪园设计的重要理念与实践。

（一）与绘画原则相通的选址布局

绘画讲究"意在笔先"，指山水布局先从整体出发、大局下手，然后再考虑局部。《园冶》曰："故凡造作，必先相地立基"[8]，指出造园的首要工作是考察地形、地势、风景，综合分析考量、整体布局。可见绘画与造园在构思设计阶段是相通的。清漪园的选址多有记载，此处不再赘述。园址选定后，进一步对其间的各处审视考量、因势利导规划经略。画中游的规划设计正是基于其所处的地理位置和地势特点建造。

画中游建筑组群建于万寿山前山西南坡转折处。这个位置高出湖面约30米，东、西、南向都没有任何遮挡，是个天然观景的地点，因此画中游组合建筑的最南端设计建造了观景台——澄辉阁。组合建筑所

图五 澄辉阁现状

处地面坡度20°至25°，南北地势起伏大，使得其间的阁、亭、楼、牌楼打破了水平布局，被立体化的呈现了出来，成为万寿山前山主要的“点景”。当年万寿山前山还未大量种植松柏，画中游于万寿山西侧的“观景”及“点景”景观效果更佳。

（二）画中游历心中理想家园

乾隆三十八年（1773），乾隆游览北海白塔后作《白塔山记》，文曰：“室之有高下，犹山之有曲折，水之有波澜。故水无波澜不致清，山无曲折不致灵，室无高下不致情。然室不能自为高下，故因山以构室者，其趣恒佳。”[⑨]

万寿山前山集中营造了皇家园林的威仪与秩序的氛围。画中游组合建筑虽然位于地势陡峭的西侧，但整体布局依旧规整，中轴线东西建筑均匀对称。各个建筑在依山而建徐徐上行时，亭台楼阁、牌楼、游廊南北层次亦错落分明。建筑之上的屋面或以绿琉璃瓦心黄琉璃瓦缘边、或以琉璃聚锦作法装饰（图六）。整组建筑轮廓优美，恢宏富丽，色彩斑斓夺目。布局规整的建筑间由曲径通幽的石质小路连接，石径、台阶都是刻意用不规则的石材砌筑，配合庭院里栽种的植物，于规整处施以自然的元素，增加了组合建筑天然之气韵，体现了庄重严谨之气度，与山地园林的自然情趣相结合。

“画”中除了错落的建筑，还修葺了大量的假山叠石。在现存的修缮记载中没有对其进行过大规模扰动的记载，应该是组合建筑内最能反映清漪园风貌的元素之一。

图六 画中游屋面琉璃瓦聚锦装饰

澄辉阁北侧，天然裸露山石之上堆砌起体形庞大的假山，假山南侧有三个山洞，曲折蜿蜒分别通向东西游廊。爱山楼、石牌坊、借秋楼以北，至画中游殿中间亦堆满假山。称奇的是，紧挨借秋楼北侧假山有一洞，内有石室，石室西侧还有一洞通至西侧游廊内。嘉庆十二年（1807）的陈设清册曾详细记载了石洞内的陈设：“洞内面东安楠柏木包镶床三张，上铺红白毡各一块。面南安绿地纹锦坐褥靠背迎手一分。窗上安素玻璃一块。游廊墙上贴着色大画三张。西一间面北安楠柏木包镶床三张，上铺红白毡各一块、凉席一领。面东设雪花锦坐褥靠背二件，上设填漆有盖痰盆一件。床上设古稀说册页一册。墙上贴董邦达着色山水画一张。”[⑩]可以看出石洞内的轩朗以及假山山体的硕大。

画中游内的假山规模在颐和园内无出其右，过于硕大的假山撑满院落，也是乾隆时期的风格。而假山内的素雅装饰与富丽亭台楼阁风格迥异，更像繁华之外山居者隐逸的家园。

（三）画中观景外之境

《园冶》曰：“夫借景，林园之最要者也。如远借，邻借，仰借，俯借，应时而借。然物情所逗，目寄心期，似意在笔先，庶几描写之尽哉……因借无由，触情俱是……”[⑪]园林景观的观赏，不仅是内观，更注重“外观”，并通过“外观”将自身与周围环境巧妙的联系起来，使得园林空间得到延伸和拓展，是使园林具有象外之象、景外之景的最有效的方法。

立于画中游组合建筑内，不仅可以游“画境”，更可以外观“景外之境”“境外之景”。

登上画中游最北端的澄辉阁，

凭栏眺望“景外之境”：东堤碧柳拂荫；南向湖面开阔、烟波浩淼、波澜不惊、堤岛错落，满目佳境；西望清漪园外“境外之景”：远山含黛、西山塔影巍峨、遍山翠色。身临其境，人在画中游，举目四望，满眼俱是如画胜景。中国古典园林的借景妙处在此处得到充分的体现。

澄辉阁的红色立柱与红绿相间的楣子木栏杆，又将美景框成一幅幅景随步移的山水画。“画框”的加入强化了如画的感觉，是李渔“无心画”“尺幅窗”的实践，使人不由得想起“窗含西岭千秋雪，门泊东吴万里船”的意境，正所谓“悠然心会，妙处难与君说”。

（四）画中笔墨提点诗情画意

匾联与楹联是中国古建筑极具特色的部分，悬挂于建筑门头、楹柱，是建筑点名立意、营造意境的重要手段。既为园林的意境提供了深厚的文化内蕴，又便于人们更深刻地领悟园林的意境，是园林艺术的精华所在。作为园林的主人，乾隆皇帝为画中游内的建筑多次题诗，将自己的思想和诗画意境交融，使园林意境得以升华。

1. 澄辉阁

澄辉阁之名取自明代汪广洋“朝日何曈曈，澄辉丽华屿”，寓意水色山光澄澈辉映。乾隆御制诗中有 4 首题咏澄辉阁，分别写于乾隆二十九年（1764）、四十年（1775）、五十二年（1787）、五十六年（1791），内容基本都是登高远望引发的感想，推之当年乾隆皇帝多次登临此阁观景。

2. 爱山楼

乾隆御制诗中有 6 首描写爱山楼。乾隆三十七年（1772）《爱山楼》云：“爱山即乐山，率寓仁者意”，点出了爱山楼名字，“爱山即乐山”典出《论语·雍也》：“子曰：智者乐水，仁者乐山。”从此楼面向西山远眺可观乾隆钦定八景之一“西山晴雪”。另外，爱山楼命名与万寿山东部乐寿堂相辉映。

图七 颐和园东宫门现存古楸树

3. 借秋楼

乾隆御制诗中有 5 首关于借秋楼。“窗挹波光庭种楸，一天飒景在高楼”“楼前种楸树，疏叶翻风开”直接写出当年借秋楼前种植着楸树，盛夏时节登高远眺，凉意满怀，不禁秋高气爽的错觉。传统文化理念中，把大地划分为四方：东苍龙、西白虎、南朱雀、北玄武。在一年四季的划分中，西白虎为秋，东苍龙为春。借秋楼位于万寿山西，以秋为名，与昆明湖东岸的知春亭相呼应。

（五）植物景观特色

中国古典园林的建设是将文化底蕴与自然景观相融合，植被景观作为一个具有生命力的载体被赋予深厚的文化内涵，也体现着园林主人的喜好和情趣。

现有资料中关于清漪园造园时期所用植物的直接记载极少。画中游组合建筑中却有较为明确的种植楸树记载。乾隆三十三年（1768）《借秋楼》提到“楼前种楸树，疏叶翻风开”，这里应该是实写，即借秋楼前曾种植楸树。

楸树在我国有着悠久的种植历史，广泛种植于帝王园囿、庙宇（图七）。《朱子语类》云："国朝殿庭，唯植槐楸"[⑫]。宋代梅尧臣曾作《和王仲仪楸花十二韵》，用"图出帝宫树，耸向白玉墀。高绝不近俗，直许天人窥"描述楸树树姿挺拔、开花时满树繁花的景象。乾隆三十七年（1772）改造宁寿宫花园时，有一棵楸树影响了施工的位置，乾隆皇帝就树建屋，将建筑后移，并将建筑命名为"古华轩"。"古华"即"古花"，指古楸之花，足见其对楸树的重视和喜爱。因此当年在借秋楼前种植楸树，合"情"合"理"。

四、结语

画中游组合建筑仅仅是清漪园万寿山之一隅，以笔者粗陋学识探究其建筑形制沿革、文化内涵于博大洪奇的中国传统园林技术、文化中，无异于管中窥豹。然芥子纳须弥，画中游承载的清代皇家园林信息及所蕴含的丰富文化内涵值得更多学者深入探究。

---

①④中国第一历史档案馆、北京市颐和园管理处：《清宫颐和园档案·营造制作卷（一）》，中华书局，2015年。

②中国第一历史档案馆、香港中文大学文物馆：《清宫内务府造办处档案总汇》，人民出版社，2005年。

③故宫博物院编：《清高宗御制诗》，海南出版社，2000年。

⑤中国第一历史档案馆、北京市颐和园管理处：《清宫颐和园档案·营造制作卷（三）—（五）》，中华书局，2015年。

⑥国家图书馆：《国家图书馆藏样式雷图档·颐和园卷》，国家图书馆出版社，2018年。

⑦中国第一历史档案馆、北京市颐和园管理处：《清宫颐和园档案·陈设收藏卷（四）》，中华书局，2017年。

⑧［明］计成：《园冶·兴造论》，江苏凤凰文艺出版社，2015年。

⑨［清］张照等撰：《秘殿珠林石渠宝笈汇编·石渠宝笈续编（五）》，北京出版社，2004年。

⑩中国第一历史档案馆、北京市颐和园管理处：《清宫颐和园档案·陈设收藏卷（十一）》，中华书局，2017年。

⑪［明］计成：《园冶·借景》，江苏凤凰文艺出版社，2015年。

⑫［宋］黎靖德编：《朱子语类》，凤凰出版社，2013年。

（作者单位：北京市颐和园管理处）

北京市延庆区民主村唐墓发掘简报

北京市文物研究所

2019年2月至3月，为配合延庆区南辛堡、民主村、百眼泉村棚户区改造项目建设，北京市文物研究所对项目用地进行了考古勘探和发掘。发掘区位于民主村东北与延康路之间，北部约500米为永定河支流妫河河道（图一）。地势较为平坦，墓地高程约490米，高出北部妫水现有水面约10米。本次发掘的两座墓葬保存状况一般，墓室顶部已经被破坏，墓室内部相对完整。现将两座墓葬具体情况介绍如下。

一、墓葬形制

此次清理的两座墓葬均为竖穴土圹砖室墓，墓室平面形状分别为圆形和长方形，由墓道、墓门、甬道和墓室组成。

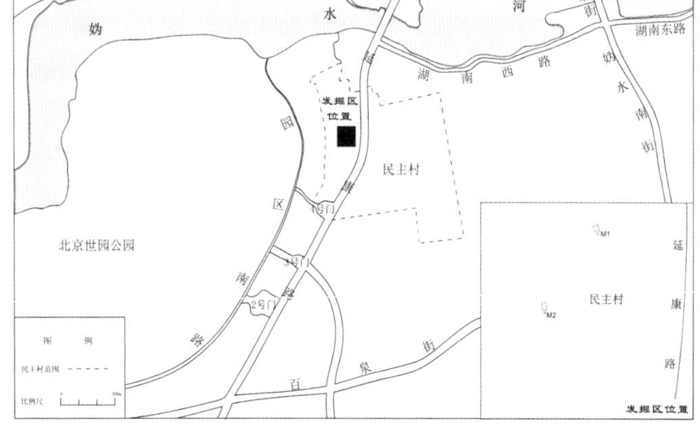

图一 发掘区位置示意图

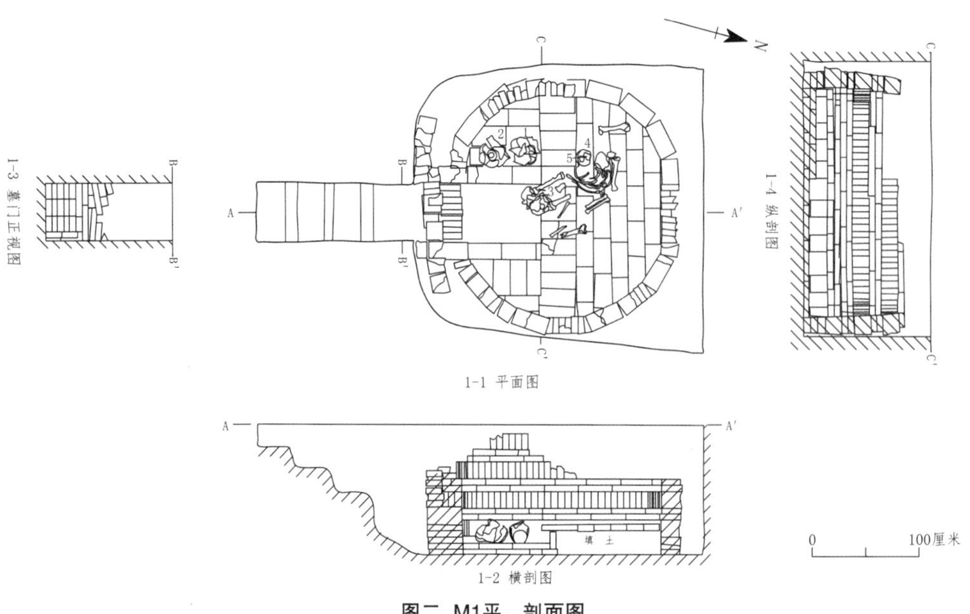

图二 M1平、剖面图

1-2.陶罐 3.铜钱 4-5.陶罐口沿

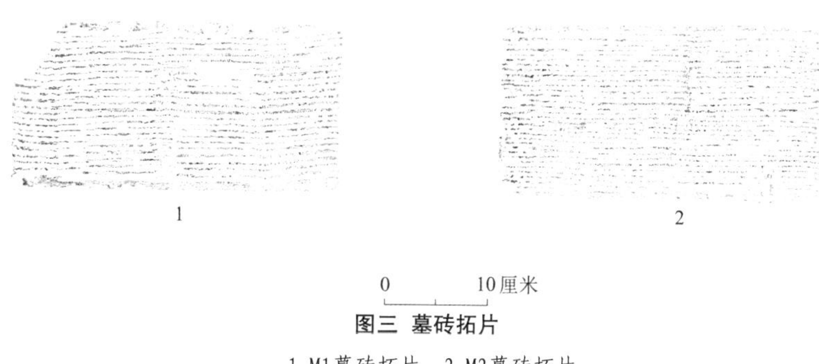

图三 墓砖拓片

1.M1墓砖拓片 2.M2墓砖拓片

1．M1

位于发掘区的西北部，是一座单室砖室墓，由墓道、甬道、墓室组成，墓葬整体平面近似球拍形（图二）。方向165°。全墓通长4.2米、东西宽0.54—2.6米。现存墓圹开口处距墓底深1.2米。

墓道位于墓室的南部，上口与下底同宽，平面呈长方形，底部为台阶状，长2米、宽0.54米、深0—1.2米。整个墓道挖出3级台阶，第一级台阶长0.3米、宽0.54米、高0.2米，第二台阶长0.3米、宽0.54米、高0.22米，第三级台阶长0.36米、宽0.54米、高0.38米。

甬道位于墓道北部。平面呈长方形，顶部已塌毁，仅存部分封门砖，底部五层由下到上用绳纹青砖合缝平向砌筑，上部六层用绳纹青砖错缝斜向砌筑，两壁墙为一卧一侧错缝向上砌筑。宽0.54米、进深0.36米、残高0.64米。

墓室位于甬道北部。平面呈近圆形，墓室顶部已塌毁无存，仅存周壁砖墙，残存青砖9—13层，直径2米、残高0.74—1.1米。墓室外圹南北长2.7米、东西宽2.4—2.7米、深1.7米。壁砖用长0.32米、宽0.16米、厚0.05米绳纹青砖二卧一侧向上砌筑（图三，1）。墓室内部铺砖整体呈倒“凹”字形，中间正对墓门的区域未铺地砖，南北长0.74米、东西宽0.54米。墓室北部为棺床，呈半圆形，表面由绳纹青砖错缝平铺而成，侧面由条砖侧立砌成，棺床内部填满花土。墓室西南部置有器物台，呈近长方形，表面由绳纹青砖错缝平铺而成，边缘用两层卧砖向上平砌，南北长0.70米、东西宽0.78米、高0.12米，随葬器物大部分放置在器物台上。室内葬具已朽，没有发现棺痕，棺床上有骨架一具，保存较差，为男性，头骨及肢骨均已错位零乱，葬式不明。棺床东西长1.98米、南北宽1.1米、高0.28米。内填花土，土质较硬。

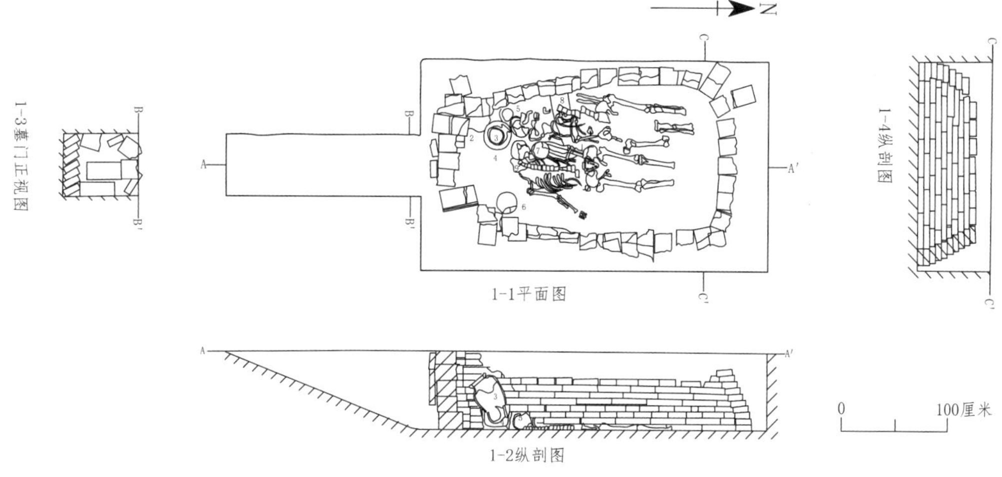

图四 M2平、剖面图

1-3、5.陶罐 4.三足炉 6.瓷碗 7.陶器盖 8、9.铜钱

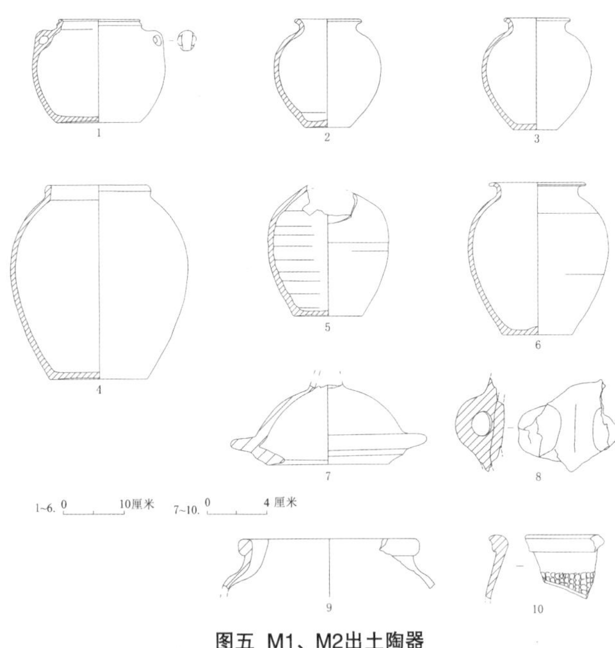

图五 M1、M2出土陶器

1.陶双系罐（M1：1） 2-6.陶罐（M2：5、M2：3、M2：2、M1：2、M2：1） 7.陶器盖（M2：7） 8.陶器耳（M2：10） 9-10.陶罐口沿（M1：5、M1：4）

2．M2

位于发掘区的西北部，是一座单室砖室墓，由墓道、墓门、墓室组成，平面呈“凸”字形（图四）。方向为180°。全墓通长5米、宽0.6—1.92米。现存墓圹开口处距墓底深0.7米。

墓道位于墓门南部。平面呈长方形，底部为斜坡阶状。坡度20°。南北通长1.8米、东西宽0.6米、进深0—0.7米，坡长1.94米。

墓门位于墓道北部，拱券式结构，顶部已塌毁，仅存部分封门砖，分内外两层，外面一层用残绳纹青砖无规律封堵而成，内层仅存底部一层，用砖斜向平砌而成。封门墙东西宽0.54米、南北厚0.36米、残高0.7米。两壁墙用青砖错缝平向向上砌筑。

墓室位于墓门北部。平面呈近似椭圆形，南端略窄，北端略宽，四壁较规整。墓室顶部已塌毁无存，仅存周壁墙砖，残存9—12层，残高0.48—0.7米。壁砖用长0.32米、宽0.16米、厚0.05米绳纹青砖错缝平卧向上砌筑（图三，2）。墓室外圹南北长3.2米、宽1.92米。墓室内部无铺地砖，南北长2.4米、东西宽1.35米、深1.2米，墓室中部横向铺有两块青砖用于支撑棺木。墓室内有骨架两具，葬具已朽，没有发现棺痕，为一男一女。男性位于西侧，仰身直肢葬，骨架保存一般；女性位于东侧，仰身直肢葬，骨架保存较差，头骨及肢骨均有错位。随葬器物大都放置在墓室西北部。内填花土，土质较硬。

二、随葬器物

两座墓葬均有较大程度的破坏，出土随葬品较少。器物以陶器为主，有少量瓷器、铁器和铜钱。器型有罐、碗、三足炉、器盖、器耳等。

1．陶器

陶罐　6件。M1：1，双系罐。泥质

照片一 陶双系罐（M1：1）

照片二 陶罐（M2：1）

照片三 陶罐（M2：2）

照片四 陶罐（M2：3）

灰褐陶，轮制。敛口，圆唇，矮颈，溜肩，球腹，腹部最大径偏上腹部，底较平微内凹。颈部一周凸棱，肩部有对称鼻形双系。素面无纹饰。口径16.4厘米、底径16.8厘米、通高20.3厘米、最大腹径26.8厘米（图五，1；照片一）；M1：2，泥质灰陶，内壁有清晰的泥条盘筑痕。口沿残缺，溜肩，上鼓腹，下腹弧收，底较平，微内凹。素面无纹饰。底径11.5厘米、残高20.8厘米、最大腹径20.2厘米（图五，5）；M2：1，泥质灰陶，轮制。直口微侈，尖圆唇，平折沿，短束颈，溜肩，上鼓腹，下腹弧收，平底，内底中部凸起。素面无纹饰。口径16.1厘米、底径11.7厘米、通高24.6厘米、最大腹径23.2厘米（图五，6；照片二）；M2：2，泥质灰陶，轮制。敛口，圆唇，矮颈，溜肩，上鼓腹，下腹弧收，平底微内凹。素面无纹饰。口径16.3厘米、底径16.1厘米、通高31.1厘米、最大腹径29.4厘米（图五，4；照片三）；M2：3，泥质灰褐陶，轮制。侈口，圆唇，卷沿，短束颈，圆肩，上鼓腹，下腹弧收，平底。素面无纹饰。口径11厘米、底径7.2厘米、通高18厘米、最大腹径18厘米（图五，3；照片四）；M2：5，泥质灰陶，轮制。侈口，圆唇，卷沿，短束颈，溜肩，上鼓腹，下腹弧收，平底微内凹。素面无纹饰。口径11.3厘米、底径7.6厘米、通高17.4厘米、最大腹径17.9厘米（图五，2）。

陶罐口沿　2件。M1：4，残存口沿及颈部。泥质灰褐陶，轮制。敛口，尖唇，矮颈，颈下饰网格纹。残高4.1厘米（图五，10）；M1：5，残存口沿及颈部。泥质灰陶，轮制。口微敛，圆唇，矮颈。素面无纹饰。复原口径14.6厘米、残高3.8厘米（图五，9）。

陶器盖　1件。M2：7，泥质灰陶，轮制。呈帽形，顶部隆起，盖顶有钮，已残失。下部一周宽平沿，沿下为子口，口内敛较甚。素面。口径8厘米、残高5厘米（图五，7）。

陶器耳　1件。M2：10，泥质灰陶，手制。桥状，耳面中间一道凹竖纹，厚1.1厘米、残高5.9厘米（图五，8）。

2. 瓷器

瓷碗　1件。M2：6，敞口，尖唇，弧腹，饼形足，由周缘向中心微内凹，橘红褐胎，质厚重，内部和口沿施黄釉，外壁下部无釉，釉下覆化妆土，露

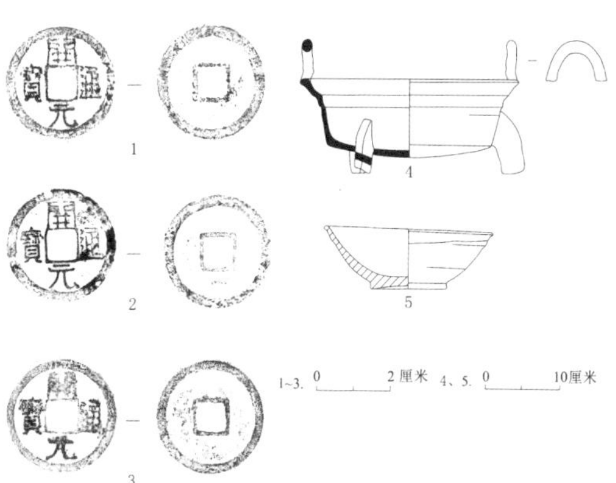

图六 M1、M2出土铁器、瓷器和铜钱

1~3. 铜钱（M1：3、M2：8、M2：9） 4. 三足炉（M2：4） 5. 瓷碗（M2：6）

照片五 瓷碗（M2：6）

照片六 三足炉（M2：4）

胎处轮痕清晰。口径20.4厘米、通高7.2厘米、足径9厘米、足高1.4厘米（图六，5；照片五）。

3．铁器

三足炉　1件。M2：4，锈蚀严重。敞口，圆唇，仰沿外侈，斜直腹，微圜底，外底中央凸出一脐，口沿上立两对称半环耳，腹下有三侧装扁足，侧弧，足底较平。其中一耳对应一足，侧弧，足底较平；另一耳对应于另两足之间的口沿处。口径26.5厘米、通高15.3厘米、耳高4.4厘米、足高7.2厘米（图六，4；照片六）。

4．铜钱

3枚。均为开元通宝，表面锈蚀。圆形方穿，正背面均有郭，正面隶文“开元通宝”，对读，钱郭较宽。M1：3，郭径2.55厘米、钱径2.09厘米、穿宽0.67厘米、郭宽0.23厘米、郭厚0.17厘米、肉厚0.07厘米，重3.3克（图六，1）；M2：8，钱背穿下一月痕，郭径2.57厘米、钱径2.09厘米、穿宽0.78厘米、郭宽0.24厘米、郭厚0.16厘米、肉厚0.08厘米，重3.6克（图六，2）；M2：9，郭径2.55厘米、钱径2.11厘米、穿宽0.74厘米、郭宽0.22厘米、郭厚1.5厘米、肉厚0.08厘米，重3.4克（图六，3）。

三、结语

两座砖室墓均受到不同程度的破坏，但整体平面与砖室下部结构尚存，时代特征比较清晰。两墓虽出土有“开元通宝”，也不足以此来确定墓葬的年代。一号墓的圆形单室及二号墓的近长方形单室，在延庆及京津冀地区、甚至北方地区多有发现，是中晚唐时期北方地区常见的砖室墓葬结构，如河北文安县西关晚唐圆形砖室墓（M1、M2、M4）[①]、河北怀来县寺湾晚唐长方形单室砖墓等[②]。

随葬器物方面，出土陶罐较多且器形比较完整。这类器物在北京地区中晚唐砖室墓中多有发现，是这一时期墓葬中出土的典型器物。M2中出土陶罐与西城区灵境胡同东口外发现的唐天宝十二年（753）纪年墓[③]出土陶罐形制大小相近。其他如卷沿、矮领、束颈、鼓腹、平底的器形特征均是中晚唐时期墓葬出土陶罐的显著特征。三足铁炉与张家口怀来县寺湾唐墓[④]和密云新城0306街区B地块唐墓[⑤]出土的铁炉形制结构非常接近，与辽宁朝阳唐中期韩贞墓出土三足铁鼎的形制风格非常相近[⑥]。此外，北方地区还出土有与之形制相似、风格相近的其他质地三足器，如河北曲阳涧磁村晚唐砖室墓出土的白釉三足炉[⑦]、北京昌平旧县晚唐砖室墓出土的三足双耳陶鼎[⑧]。

综上所述，两座墓葬的年代初步推断为唐代中晚期。虽然墓葬均受到很大程度的损毁，但仍清晰地反映出北京所处的北方地区中晚唐时期墓葬的时代特征，为进一步研究唐代中晚期的丧葬习俗和当时北

（下转第49页）

北京市朝阳区小红门金代墓葬发掘简报

北京市文物研究所

2019年2月22日至3月21日，北京市文物研究所对小红门40#（40—1）集体租赁住房项目［后文简称“小红门40#（40—1）项目”］范围内的古代遗迹进行了考古发掘。该项目位于北京市朝阳区小红门乡的西部（图一），北邻小红门东路、南邻红坊路、西邻小红门七号路、东邻小红门40#（40—3）集体租赁住房项目。项目发掘区分为东、西两部分，本次发掘面积126.72平方米。共清理墓葬1座、井3口、灰坑3处，其中墓葬位于东部发掘区内，其余遗迹均分布在西部发掘区内。该墓葬虽然遭到部分破坏，但仍然出土了不少陶器、瓷器、铁器和铜钱等，对于研究北京地区同时期墓葬与社会习俗具有重要的参考作用，兹详述如下。

一、墓葬形制

M1，位于东部发掘区内，墓向223°，开口于②层下，为圆形竖穴土圹砖室墓。被近现代墙基打破，向下打破生土。墓口距地表0.5米，墓底距墓口1.16米。该墓由墓道、墓门、墓室三部分组成（图二）。

墓道位于墓室的南侧偏西，已破坏。平面呈长方形，直壁。长1.5米，宽1.3米，深1.1米。

封门前以一竖五侧叠砌青砖，略呈方形，长0.8米，宽0.5米，高0.5米。墓门下部用砖封堵，长0.5米，宽0.9米，残高1.1米。青砖共四层，其中竖向垒砌三层，在一层和二层间平侧垒砌一层。

墓门，青砖两侧对称垒砌，宽0.52米，深0.51米，从下至上，先以两侧一竖平铺一层，再以一侧一竖垒砌两层，后平砌两层，高0.65米。其上由楔形砖起券，残存四层券砖。墓门侧壁砖墙残存白石灰，墙面见竖条状红色壁画痕迹。

墓室位于墓门后端，平面呈圆形，土圹东西长2.92米，南北宽2.5米，深1.16米。墓室券顶已被破坏无存，周壁砖墙也被破坏得较为严重，仅存靠近门洞两侧墙体，周壁墙体采用先两侧一竖、再五侧一竖、后平砌两层的砌法。墓砖长0.32米，宽0.15米，厚0.05米。墓室内中部用

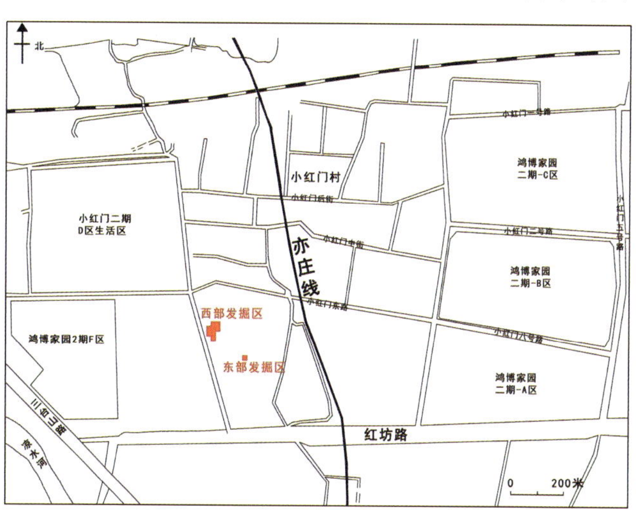

图一 发掘区位置示意图

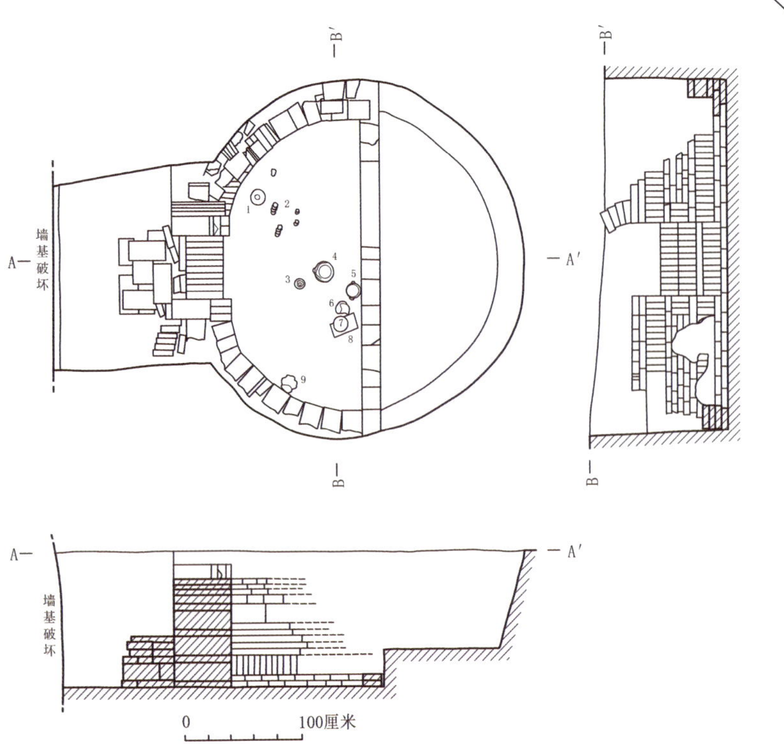

图二 M1平、剖面图

砖横向隔开，分前、后两部分，前低后高，前部放置随葬器物，后部为生土台，高于前部0.3米，作为棺床。墓室内填黄褐色沙土，包含少许瓷片、陶片、砖块。未发现人骨，葬式不明。

二、随葬品

该墓出土随葬器物包括瓷器1件、陶器15件、铁器1件、墓砖2块，另有铜钱36枚。

瓷器　1件。瓷碗，M1：1，灰胎，外下腹以上及内壁可见先施一层白色化妆土，其上再施一层青釉，有流釉现象。敞口，圆唇，斜弧腹，矮圈足底。外上腹有轮制痕迹。口径13厘米、底径5厘米、通高4.1厘米（图三，7；照片一）。

陶器　15件。均为泥质灰陶，器类有鼎、炉、支座、钵、鐎斗、器盖、碗、罐、勺、盆等。

陶鼎　1件。M1：3，泥质灰陶。侈口，仰折沿，圆唇，沿面深凹，口沿置对称半圆型耳，束颈，溜肩，球腹，平底，侧装三角形扁足三个。外上腹饰两周凹弦纹。口径10.3厘米、底径6.6厘米、通高12.6厘米（图三，4；照片二）。

陶炉　1件。M1：4，泥质灰陶。侈口，仰折沿，圆唇，沿面深凹，沿面置对称横向桥型耳，弧腹，平底，侧装三角形扁足三个。素面。口径16厘米、底径9.2厘米、通高9.6厘米（图三，6；照片三）。

陶支座　1件。M1：5，泥质灰陶。敞口，斜方唇，斜弧腹，饼足，口腹部隔空三段。内底及外壁有轮制痕迹。底径10厘米、通高5.6厘米（图三，3；照片四）。

陶钵　2件。M1：6，泥质灰陶。敞口，圆唇，曲腹内收，饼足底，口沿处饰一尖流。内腹壁刻画数周凹弦纹，外上腹有轮制痕迹。口径13厘米、底径5厘

照片一　瓷碗（M1：1）

米、通高4.7厘米（图三，10；照片五）；M1：53，泥质灰陶。仅存部分口沿，口微敞，圆唇，口沿处近直，以下斜收。素面。口径15厘米、残高4厘米（图三，12）。

陶鐎斗　1件。M1：7，泥质灰陶。侈口，仰折沿，圆唇，沿面深凹，口沿左右两端各置一长方形把手，浅弧腹，平底。把手正面饰一“X”形凹弦纹，中心饰一乳钉纹。口径11.5厘米、底径7.3厘米、通高5.9厘米（图三，2；照片六）。

陶器盖　1件。M1：8，泥质灰陶。塔式盖，盖沿较平，中部隆起，上置一钮。素面。盖径5.6厘米、最大径8.6厘米、通高6.7厘米（图三，

图三 M1出土器物

1.陶勺（M1：12） 2.陶鐎斗（M1：7） 3.陶支座（M1：5） 4.陶鼎（M1：3） 5、14、15、16.陶罐（M1：11、M1：51、M1：54、M1：55） 6.陶炉（M1：4） 7.瓷碗（M1：1） 8.铁器（M1：10） 9、11.陶碗（M1：9、M1：52） 10、12.陶钵（M1:6、M1：53） 13.陶器盖（M1：8） 17.陶盆（M1：14）

照片二 陶鼎（M1：3）

照片三 陶炉（M1：4）

13；照片七）。

陶碗　2件。M1：9，泥质灰陶。敞口，圆唇，曲腹内收，饼足底，口沿处饰一尖流。内腹壁刻画数周凹弦纹，外上腹有轮制痕迹。口径12.8厘米、底径6.1厘米、通高4.5厘米（图三，9；照片八）；M1：52，泥质灰陶。仅存部分口沿，侈口，折沿，圆唇，沿面饰一道凹槽，浅弧腹。素面。口径17.6厘米、残高4厘米（图三，11）。

陶罐　4件。M1：11，泥质灰陶。微侈口，翻沿，尖圆唇短束颈，溜肩，鼓腹，下腹斜内收，平底。素面。口径9.2厘米、底径6.3厘米、最大腹径12.3厘米、通高12厘米（图三，5；照片九）；M1：51，泥质灰陶。仅存部分口沿，直口微侈，圆唇，短束颈，溜肩。肩部有轮制痕迹。口径9.4厘米、残高5.8厘米（图三，14）；M1：54，泥质灰陶。仅存部分腹部及底，下腹斜收，平底，内底有螺旋状轮制痕迹。底径6.6厘米、残高4.7厘米（图三，15）；M1：55，泥质灰陶。仅存底部，下腹斜弧内收，平底。内底有螺旋状轮制痕迹。底径6厘米、残高3.5厘米

照片四 陶支座（M1：5）

照片五 陶钵（M1：6）

照片六 陶鐎斗（M1：7）

照片七 陶器盖（M1：8）

照片八 陶碗（M1：9）

照片九 陶罐（M1：11）

照片十 陶勺（M1：12）

照片十一 陶盆（M1：14）

（图三，16）。

陶勺　1件。M1：12，泥质灰陶。侈口，圆唇，近折腹，下腹斜弧内收，饼足底，外沿下饰一道凹槽，口沿处置一尖流及一长方形曲柄。口径11厘米、底径5.4厘米、通高8.1厘米（图三，1；照片十）。

陶盆　1件。M1：14，泥质灰陶。敞口，平折沿，圆唇，斜直腹，平底，内底微凸。内外腹壁有轮制痕迹。口径42.6厘米、底径31.8厘米、通高10.3厘米（图三，17；照片十一）。

铁器　1件。M1：10，铁制，锈蚀严重，形制不详。长13.5厘米、宽9.4厘米、厚0.3厘米（图三，8）。

墓砖　2块。M1：13，泥质灰陶。面呈收腰长方形，一长侧面及一平面呈红色。素面。长15.2厘米、宽9.2—11.6厘米、厚5厘米（图四，2）。M1：15，泥质灰陶。平面呈长方形，侧面一半呈弧形，一半呈方形。一侧平面饰七道凹槽，弧形侧面饰网格纹。长32厘米、宽15厘米、厚5厘米（图四，1）。

铜钱　36枚。有淳化元宝、开元通宝、景德元宝、祥符元宝、天禧通宝、祥符通宝、太平通宝、至道元宝、宋元通宝、周元通宝、咸平元宝等。

景德元宝　2枚。锈蚀较重。圆形方穿。正反面均有内外郭。钱面铸有“景德元宝”四字，无背文。M1：2，钱径2.4厘米、穿径0.6厘米、厚0.1厘米；M1：16，钱径2.5厘米、穿径0.6厘米、厚0.1厘米（图五，5）。

宋元通宝　1枚。标本M1：17，锈蚀较重。圆形方穿。正反面均有内外郭。钱面铸有“宋元通宝”四字，无背文。钱径2.5厘米、穿径0.6厘米、厚0.1厘米（图五，4）。

淳化元宝　3枚。圆形方穿。正反面均有内外郭；钱面铸有“淳化元宝”四字，无背文。M1：18，钱径2.4厘米、穿径0.6厘米、厚0.1厘米（图五，1）；M1：19，钱径2.4厘米、穿径0.6厘米、厚0.1厘米（图五，2）；M1：20，钱径2.4厘米、穿径0.6厘米、厚0.1厘米（图五，3）。

周元通宝　1枚。M1：21，锈蚀较

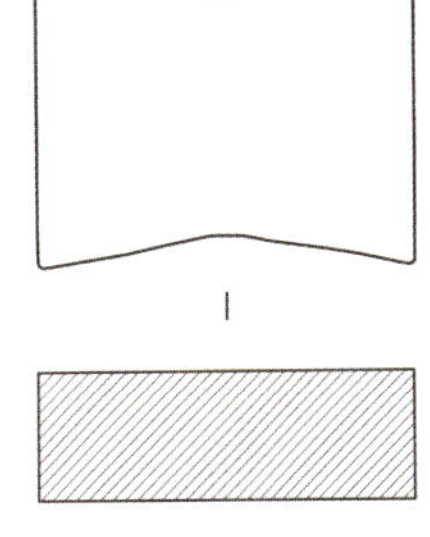

0　4厘米

图四 M1墓砖

1、2.墓砖（M1：15、M1：13）

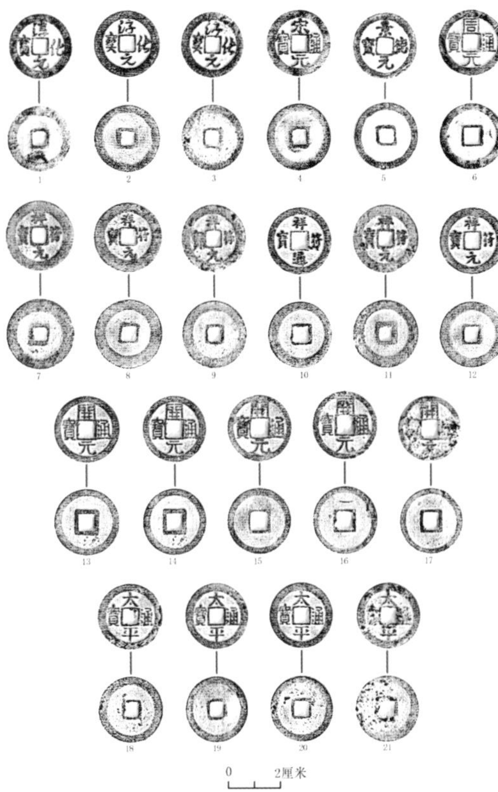

图五 M1出土铜钱拓片

1—3.淳化元宝（M1：18、M1：19、M1：20） 4.宋元通宝（M1：17） 5.景德元宝 （M1：16）6.周元通宝（M1：21） 7—12.祥符元宝（M1：38、M1：37、M1：39、M1：41、M1：40、M1：42） 18—21.太平通宝（M1：45、M1：44、M1：43、M1：46） 13—17.开元通宝（M1：49、M1：48、M1：47、M1：36、M1：35）

重，圆形方穿。正反面均有内外郭。钱面铸有“周元通宝”四字，无背文。钱径2.4厘米、穿径0.7厘米、厚0.1厘米（图五，6）。

至道元宝　9枚。锈蚀较重，圆形方穿。正反面均有内外郭，钱面铸有楷书“至道元宝”四字，无背文。M1：22—30，钱径2.4厘米、穿径0.6厘米、厚0.1厘米（图六，5—9、11—14）。

天禧通宝　1枚。M1：31，锈蚀较重，圆形，方穿，正反面均有内外郭，钱面铸有“天禧通宝”，无背文。钱径2.5、穿径0.6厘米、厚0.1厘米（图六，10）。

咸平元宝　4枚。M1：32—34、M1：50，锈蚀较重，圆形方穿。正反面均有内外郭，钱面铸有“咸平元宝”四字，无背

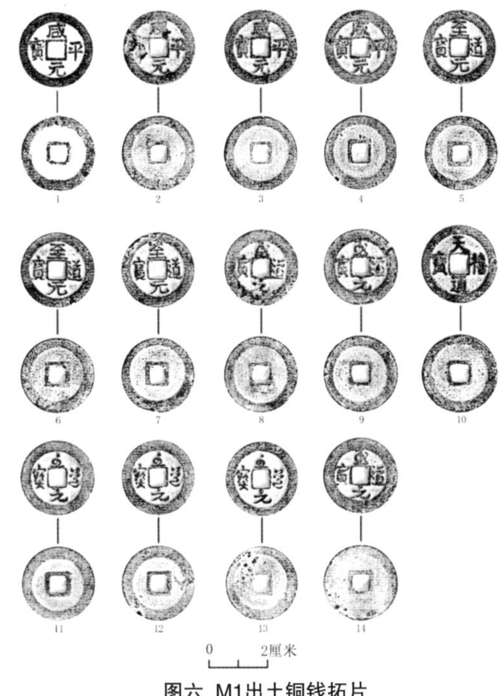

图六 M1出土铜钱拓片

1—4.咸平元宝（M1：50、M1：34、M1：33、M1：32） 5—9、11—14.至道元宝（M1：23、M1：24、M1：22、M1：25、M1：26、M1：30、M1：29、M1：28、M1：27） 10.天禧通宝（M1：31）

文。钱径2.5厘米、穿径0.6厘米、厚0.1厘米（图六，1—4）。

开元通宝　5枚。M1：35—36、M1：47—49，锈蚀较重，圆形方穿。正反面均有内外郭，钱面铸有“开元通宝”四字，无背文。钱径2.4厘米、穿径0.6厘米、厚0.1厘米（图五，13—17）。

祥符元宝　6枚。M1：37—42，锈蚀较重，圆形方穿。正反面均有内外郭，钱面铸有“祥符元宝”四字，无背文。钱径2.5厘米、穿径0.6厘米、厚0.1厘米（图五，7—12）。

太平通宝　4枚。M1：43—46，锈蚀较重，圆形方穿。正反面均有内外郭，钱面铸有“太平通宝”四字，无背文。钱径2.5厘米、穿径0.6厘米、厚0.1厘米（图五，18—21）。

三、结语

通过对墓葬形制与出土器物的初步

分析，可以看出墓葬的形制结构与北京华能热电厂发现的M3、M5、M6①形制相似，圆形竖穴土圹砖室墓是辽末金初的常见墓葬形制②。墓葬中出土的陶器盖（M1：8）与北京通州次渠唐金墓中的陶器盖（M8：2）③形制接近，陶勺（M1：12）与大兴区小营金代墓葬中的陶勺（M1：17）④相似。由以上分析初步推断M1应为金代早期墓葬。

此次发掘，为研究北京地区辽金时期砖室墓的形制及葬俗提供了可靠依据。

发掘领队：董坤玉

室内资料整理：董坤玉、刘娜、方浙跃、姚雅馨、刘艺欣、郭超

摄影：姚雅馨

绘图：刘娜、刘艺欣、郭超

修复：方浙跃

拓片：刘娜、姚雅馨

执笔：董坤玉、高振宇、刘娜

---

①北京市文物研究所：《北京华能热电厂墓葬考古发掘简报》，《北京文博文丛》2017年第4辑。

②刘晓东等：《试论金代女真贵族墓葬的类型及演变》，《辽海文物学刊》1991年第1期。

③北京市文物研究所：《北京通州次渠唐金墓发掘简报》，《文物春秋》2015年第1期。

④北京市文物研究所：《大兴区小营出土金代墓葬》，《北京文物与考古》2004年第6辑，民族出版社，2004年。

（上接第42页）

京地区的社会生活状况提供了新的资料。

发掘：孙峥、韩鸿业

修复、绘图：封世雄

摄影：王宇新

执笔：孙峥、于璞、戢征

---

①廊坊市文物管理所：《河北文安县西关唐墓清理简报》，《文物春秋》1997年第3期。

②④张家口地区文管所：《河北怀来县寺湾唐墓》，《考古》1993年第7期。

③北京市文物研究所：《北京近年发现的几座唐墓》，《文物》1992年第9期。

⑤北京市文物研究所：《密云新城0306街区B地块唐墓发掘简报》，《北京文博文丛》2018年第1辑。

⑥朝阳地区博物馆：《辽宁朝阳唐韩贞墓》，《考古》1973年第6期。

⑦河北省文化局文物工作队：《河北曲阳涧磁村发掘的唐宋墓葬》，《考古》1965年第10期。

⑧北京市文物工作队：《北京市发现的几座唐墓》，《考古》1980年第6期。

中国政法大学清代墓葬发掘简报

北京市文物研究所

为配合中国政法大学学生食堂项目建设的顺利进行，2021年5月12日至14日，北京市文物研究所对该地区内的古代墓葬进行了抢救性发掘。发掘区位于海淀区中国政法大学校园内西北部，北邻北三环西路、东邻西土城路、南邻学院南路、西邻京张高速铁路，地理坐标为北纬39°57′48.23″，东经116°20′31.57″（图一）。此次发掘面积100平方米，发掘清代墓葬8座（图二），现将此次发掘的墓葬简报如下。

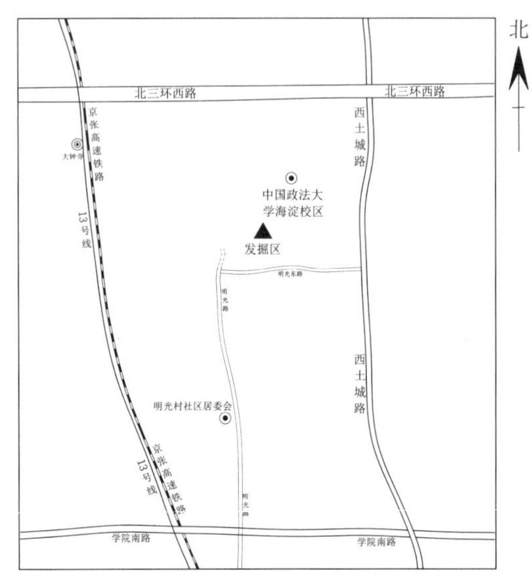

图一　墓葬位置示意图

一、墓葬形制

共计发掘墓葬8座，编号为M1—M8，皆为长方形竖穴土圹墓，可分为单棺墓、双棺墓，其中M1—M4、M8为单棺墓，M5—M7为双棺墓，出土随葬品16件（不含铜钱），其中陶器2件、瓷器1件、铜器5件、银器8件。另出土铜钱7枚。

（一）单棺墓

5座，编号为M1—M4、M8。

M1　位于发掘区的中南部，北邻M2，南邻M7，东西向，方向280°。开口于①层下，墓口距地表1.1米。墓圹东西长2.48米，南北宽0.78米，墓底距墓口0.5米。四壁较规整，墓底部较平，内填花土，土质致密（图三）。葬具为木棺，已朽。棺痕长1.76米，宽0.48—0.5米，残高0.2米。棺内葬置骨架一具，保存较差，凌乱，头向西，面向、葬式不详，墓主骨架粗壮，骨质致密，初步推断为男性。

随葬品：

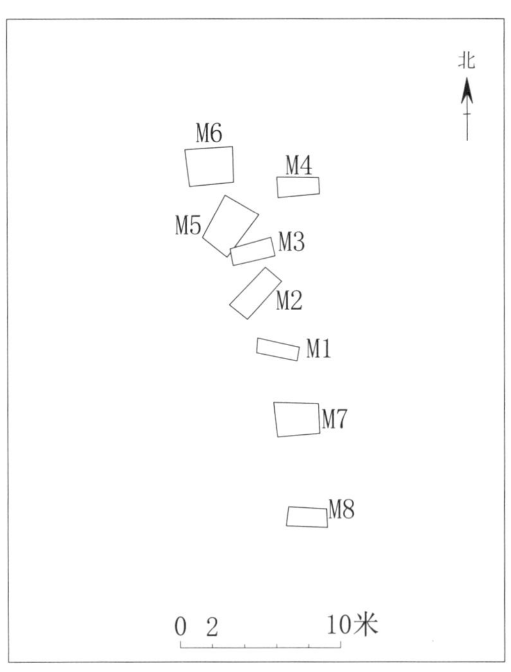

图二　墓葬分布图

图三 M1平、剖面图

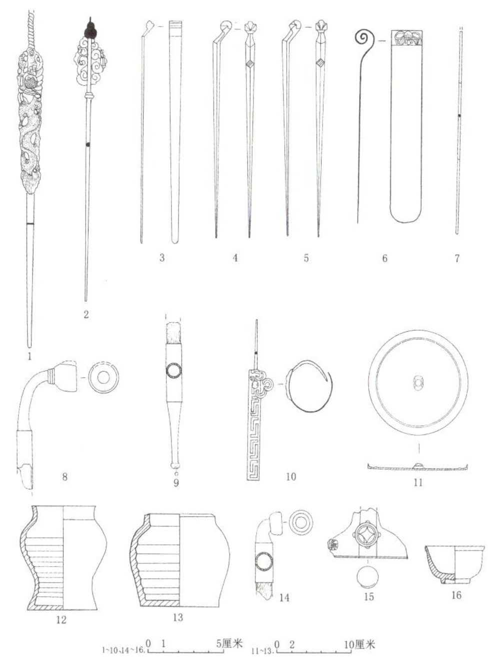

图四 出土器物

1.鎏金银簪（M3：2） 2.铜簪（M7：4） 3.银簪（M5：2） 4.银簪（M5：3） 5.银簪（M5：4） 6.鎏金银扁方（M3：1） 7.银簪（M3：6） 8.铜烟锅（M7：1） 9.铜烟嘴（M7：2） 10.鎏金银耳环（M3：3） 11.铜镜（M7：5） 12.釉陶罐（M1：1） 13.陶罐（M3：7） 14.铜烟锅（M4：2） 15.银饰件（M3：5） 16.白瓷小盅（M4：3）

釉陶罐1件（翻骨出土）。标本M1：1，泥质红陶，器内外壁施白釉，釉色局部泛青，施釉不及底。敞口，方圆唇，短领，溜肩，鼓腹，下腹束腰，平底外展。口径8.2厘米、最大腹径11.8厘米、底径9.2厘米、高13.4厘米（图四，12；照片一）。

M2 位于发掘区的中南部，北邻M3，南邻M1，东西向，方向226°。开口于①层下，墓口距地表1.2米。墓圹东西长2.82米，南北宽1.21—1.26米，墓底距墓口0.9米。四壁较规整，墓底部较平，内填花土，土质致密（图五）。经发掘清理，未发现墓内葬具及骨架，初步推断为迁葬墓。

无随葬品。

M3 位于发掘区的中部，北邻M5，南邻M2。东西向，方向260°。开口于①层下，墓口距地表1.1米。墓圹东西长2.46米，南北宽0.84—1.1米，墓底距墓口0.7米，四壁较规整，墓底部较平，内填花土，土质致密（图六）。葬具为木棺，

照片一 釉陶罐（M1：1）

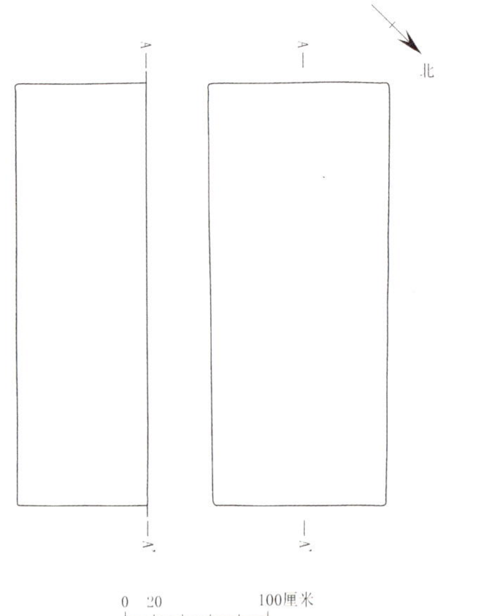

图五 M2平、剖面图

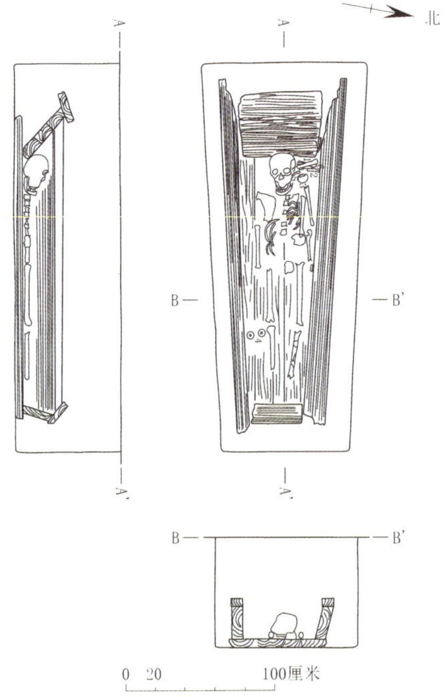

图六 M3平、剖面图

1.鎏金银扁方 2.鎏金银簪 3.鎏金银耳环 4.铜钱 5.银饰件 6.银簪

已朽，存少量木板。棺痕长2.24米，宽0.59—0.86米，残高0.31米。棺内葬置骨架一具，保存较差，头向西，面向上，为仰身直肢葬，墓主颅骨较大，眉弓发达，初步推断为女性。

随葬品：

鎏金银扁方1件。标本M3：1，锈残，通体鎏金，大部脱落。簪首弯曲一周半，正面錾刻一蝙蝠，簪体呈长方形，下端呈圆形，簪体素面无纹。通长12.5厘米、宽2.1厘米（图四，6；照片二）。

鎏金银簪1件。标本M3：2，锈残，通体鎏金，大部脱落。簪首呈螺旋状圆锥体，簪体中部为扁长方形，其上锤揲、錾刻卷曲形龙纹，镂空，簪体下部呈扁条状，尾尖，背面无纹。通长21.5厘米（图四，1；照片三）。

鎏金银耳环1件。标本M3：3，锈残，通体鎏金，大部脱落。如意环形，如意头部镂空，环首一端呈圆锥形，尖细，一端呈扁长方形，饰镂空几何形。通长10.4厘米、直径3.2厘米（图四，10；照片四）。

银饰件（指甲套）1件。标本M3：5，锈残，通体呈圆柱状，首部残断无存，仅存下部，中部一圆形镂空，呈“金钱眼”状，背部一侧錾刻“文兴”二字。通体素面无纹。残长3.2厘米（图四，15；照片五）。

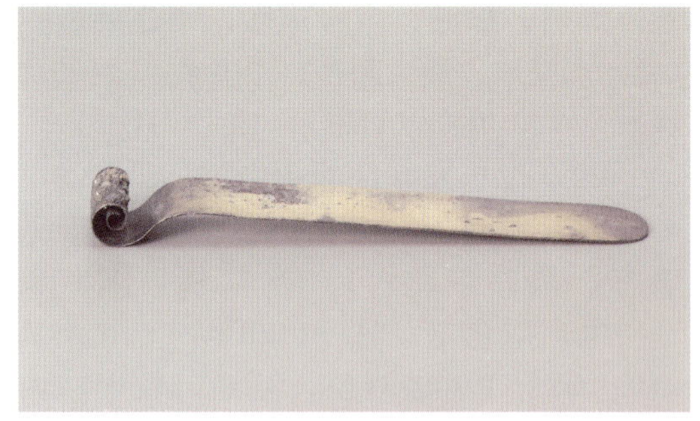

照片二 鎏金银扁方（M3：1）

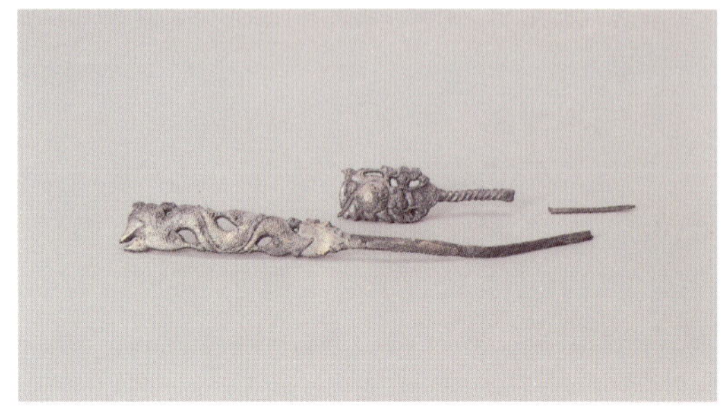

照片三 鎏金银簪（M3：2）

照片四 鎏金银耳环（M3：3）

照片五 银饰件（M3：5）

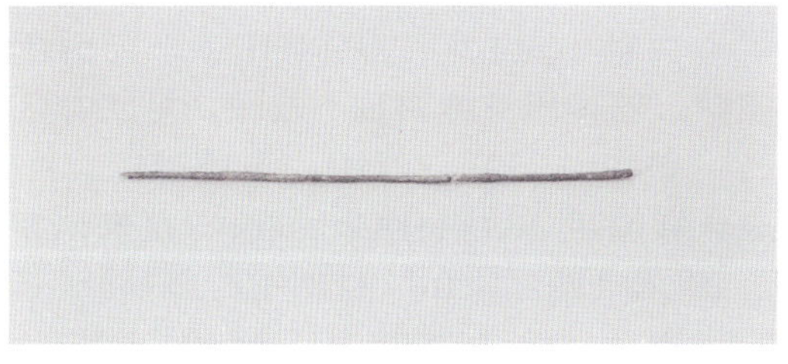

照片六 银簪（M3：6）

银簪1件。标本M3：6，残，簪体较细小，呈圆锥形，尾较尖，残断为3段。残长13.4厘米（图四，7；照片六）。

陶罐1件。标本M3：7，完整，泥质红陶，器外壁施一层酱釉，施釉不均，腹部一周露胎。敞口，方唇，矮领，丰肩，鼓腹，下腹曲收，平底略凹，素面。口径9.4厘米、最大腹径13.4厘米、底径10.4厘米、高14厘米（图四，13；照片七）。

照片七 陶罐（M3：7）

铜钱2枚。标本M3：4—1，锈残，圆形，方穿，正、背面有圆郭，正面铸钱文“乾隆通宝”四字，楷书，对读，背面穿左右铸满文“宝源”二字，纪局名。钱径2.35厘米、穿宽0.6厘米、厚0.14厘米（图七，1）；标本M3：4—2，锈残，圆形，方穿，正、背面有圆郭，正面铸钱文“乾隆通宝”四字，楷书，对读，背面穿左右铸满文“宝源”二字，纪局名。钱径2.35厘米、穿宽0.6厘米、厚0.12厘米（图七，2）。

M4 位于发掘区的中北部，西邻M6，南邻M3，东西向，方向270°。开口于①层下，墓口距地表1.2米。墓圹东西长2.4

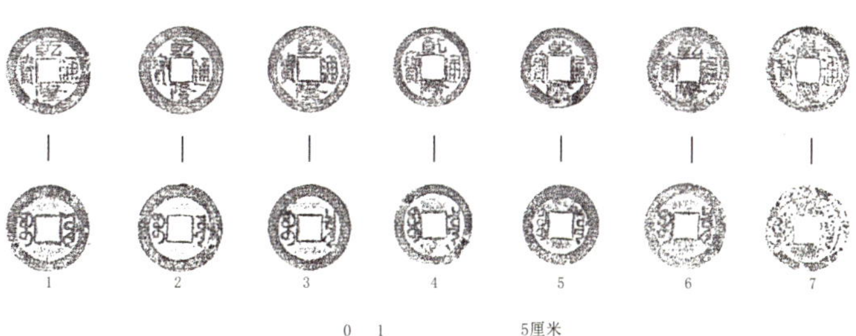

图七 出土铜钱

1.乾隆通宝（M3：4—1） 2.乾隆通宝（M3：4—2） 3.乾隆通宝（M4：4） 4.乾隆通宝（M5：1） 5.乾隆通宝（M6：1） 6.乾隆通宝（M7：3） 7.嘉庆通宝（M8：1）

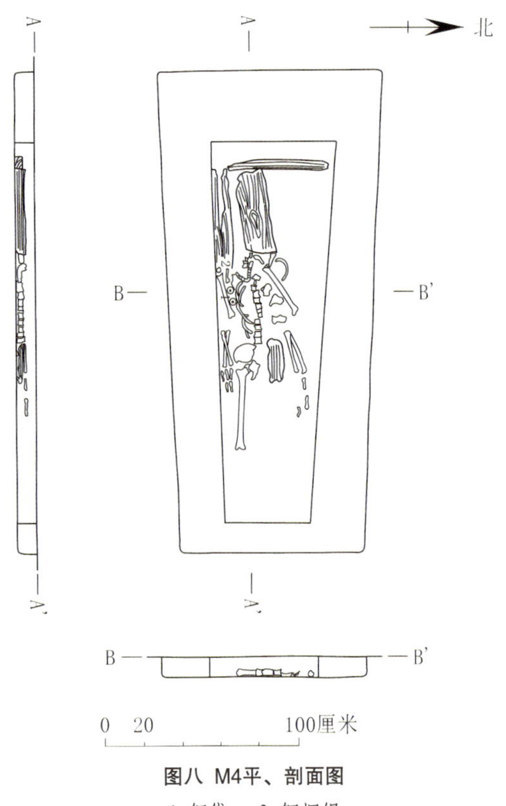

图八 M4平、剖面图
1.铜钱 2.铜烟锅

米，南北宽0.96—1.16米，墓底距墓口0.3米。四壁较规整，墓底部较平，内填花土，土质致密（图八）。葬具为木棺，已朽。棺痕长1.8米，宽0.44—0.64米。棺内葬置骨架一具，保存较差，头向西，面向不详，为仰身直肢葬，墓主骨骼粗壮，骨质致密，初步推断为男性。

随葬品：

铜烟锅1件。标本M4：2，锈残，圆形，颈部较细，一段铜质圆柱体烟杆与一段木质烟杆连接，木质烟杆大部腐朽。

照片八 铜烟锅（M4：2）

照片九 白釉小盅（M4：3）

烟锅直径1.6厘米、残长5.7厘米（图四，14；照片八）。

白釉小盅1件。标本M4：3，乳白色粗胎，器体周身施白釉不及底，足底有乳凸。敞口，圆唇，弧腹，下腹弧收，平底，矮圈足。口径4厘米、底径2厘米、高2.4厘米（图四，16；照片九）。

铜钱1枚。标本M4：4，锈残，圆形，方穿，正、背面有圆郭，正面铸钱文“乾隆通宝”四字，楷书，对读，背面穿左右铸满文“宝泉”二字，纪局名。钱径2.32厘米、穿宽0.61厘米、厚0.12厘米（图七，3）。

M8 位于发掘区的南部，北邻M7，东西向，方向270°。开口于①层下，墓口距地表1.1米。墓圹长2.34米，宽1米，墓底距墓口1.1米。四壁较规整，墓底部较平。内填花土，土质致密（图九）。葬具为木质单棺，已朽。棺长1.96米，宽0.5—0.62米，残高0.4米。棺内葬置骨架一具，保存较好，头向西，面向北，为仰身直肢葬，墓主骨骼粗壮，骨质致密，初步推断为男性。

随葬品：

铜钱1枚。标本M8:1，锈残，圆形，方穿，正、背面有圆郭，正面铸钱文“嘉

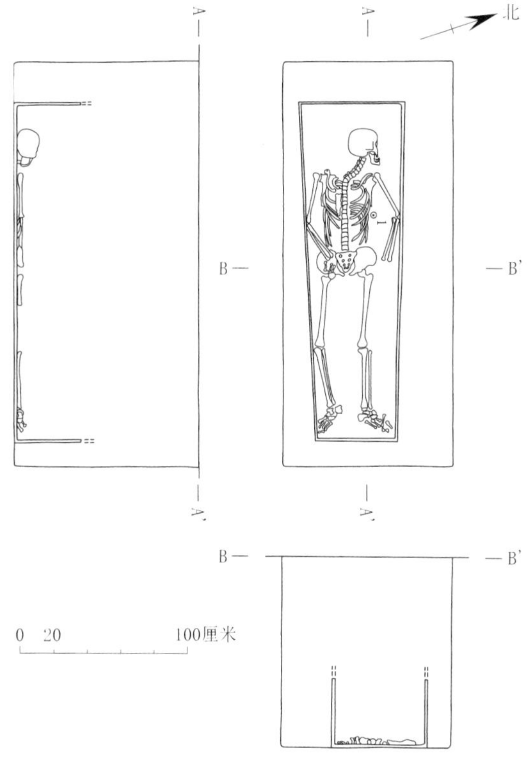

图九 M8平、剖面图

1.铜钱

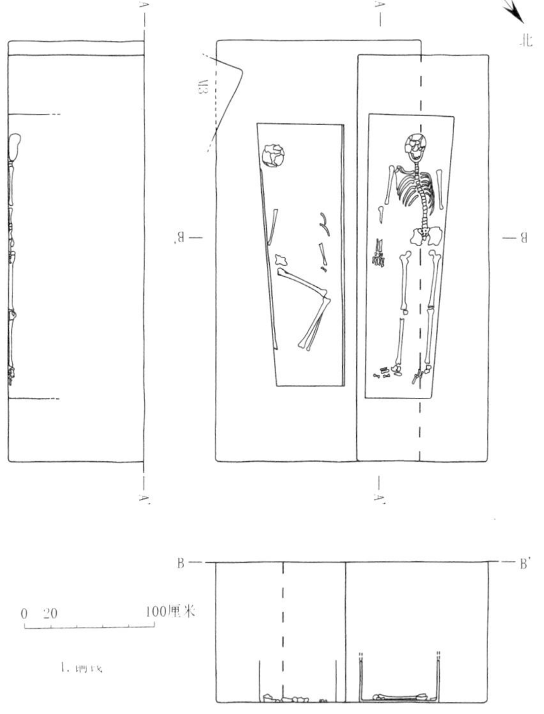

图十 M5平、剖面图

庆通宝”四字，楷书，对读，背面穿左右铸满文“宝泉”二字，纪局名。钱径2.31厘米、穿宽0.65厘米、厚0.13厘米，重2.97克（图七，7）。

（二）双棺墓

3座，编号M5—M7。

M5　位于发掘区的中西部，北邻M6，东邻M4，东西向，方向220°。开口于①层下，墓口距地表1.2米。墓圹长3米，宽2米，墓底距墓口1米。四壁较规整，墓底部较平，内填花土，土质致密（图十）。葬具为木质双棺，已朽，北棺打破南棺。北棺长2.22米，宽0.48—0.52米，残高0.3米，棺内骨架保存较差，头西足东，面向上，仰身直肢葬，墓主骨骼粗壮，骨质致密，初步推断为男性；南棺长2.06米，宽0.52—0.64米，残高0.3米，残存厚度0.02米，棺内骨架保存极差，头西足东，面向不详，仰身直肢葬，墓主骨骼纤细，颅骨较小，初步推断为女性。

随葬品：

银簪3件。标本M5：2，南棺出土，锈残，簪首弯曲呈四棱柱状，簪体平面呈扁长方形，簪首至簪尾逐渐变窄，簪体略弯曲，尾圆尖，素面无纹。通长14.3厘米（图四，3；照片十）；标本M5：3，南棺出土，锈残，簪体平面呈四棱柱状，与簪首连接处弯曲呈“U”形，簪首呈四棱柱状，短颈较细，簪首至簪尾逐渐变细，簪体略弯曲，尾尖，素面无纹。通长14厘米（图四，4；照片十一）：标本M5：4，器物形制与M5：3一样，通长14厘米（图四，5）。

铜钱1枚。标本M5：1，北棺出土，锈残，圆形，方穿，正、背面有圆郭，正

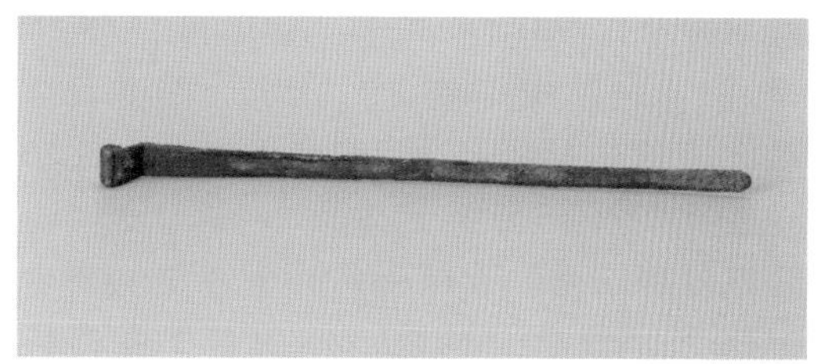

照片十 银簪（M5：2）

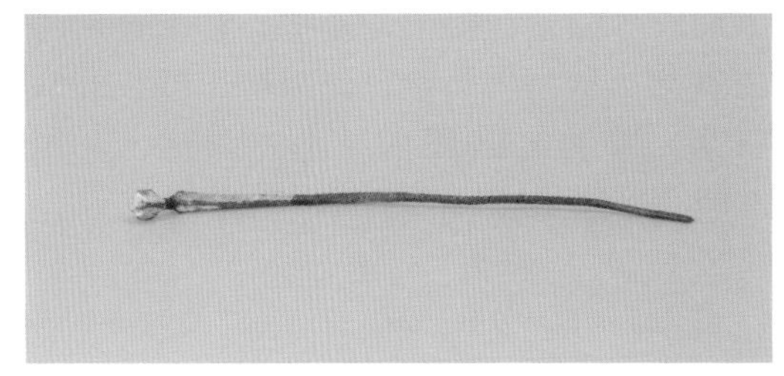

照片十一 银簪（M5：3）

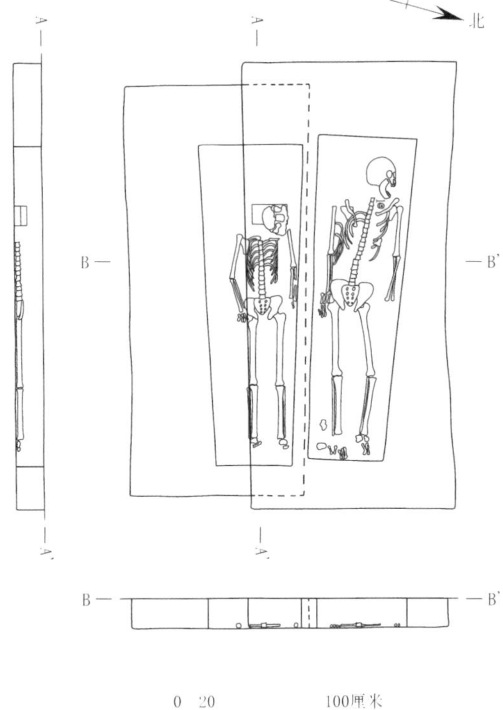

图十一 M6平、剖面图

1.铜钱

面铸钱文“乾隆通宝”四字，楷书，对读，背面穿左右铸满文“宝泉”二字，纪局名。钱径2.21厘米、穿宽0.65厘米、厚0.13厘米（图七，4）。

M6　位于发掘区的中北部，南邻M5，东邻M4，东西向，方向270°。开口于①层下，墓口距地表1.2米。墓圹长2.7米，宽2.1米，墓底距墓口0.58米。四壁较规整，墓底部较平，内填花土，土质致密（图十一）。葬具为木质双棺，已朽，北棺打破南棺。北棺长1.96米，宽0.48—0.62米，残高0.18米，棺内骨架保存较好，头西足东，面向北，仰身直肢葬，墓主骨骼粗壮，骨质致密，初步推断为男性；南棺长1.94米，宽0.5—0.66米，残高0.18米，棺内骨架保存极好，头西足东，面向不详，仰身直肢葬，墓主骨骼纤细，颅骨较小，初步推断为女性。

随葬品：

铜钱1枚。标本M6：1，北棺出土，锈残，圆形，方穿，正、背面有圆郭，正面铸钱文“乾隆通宝”四字，楷书，对读，背面穿左右铸满文“宝源”二字，纪局名。钱径2.23厘米、穿宽0.62厘米、厚0.17厘米（图七，5）。

M7　位于发掘区的南部，北邻M1，南邻M8，东西向，方向274°。开口于①层下，墓口距地表1.1米。墓圹长2.7米，宽1.66—1.9米，墓底距墓口0.76米。四壁较规整，墓底部较平，内填花土，土质致密（图十二）。葬具为木质双棺，已朽，南棺打破北棺。南棺长1.88米，宽0.43—0.6米，残高0.2米，棺内骨架保存较好，头西足东，面向上，仰身直肢葬，墓主骨骼粗壮，眉弓发达，初步推断为男性；北

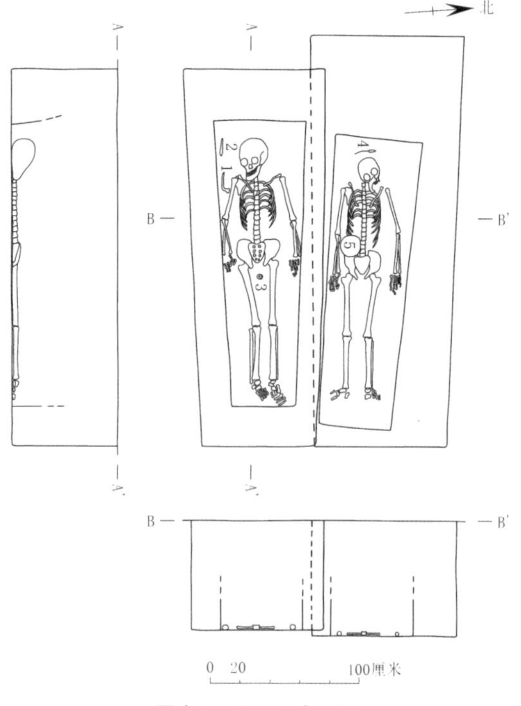

图十二 M7平、剖面图

1.铜烟锅　2.铜烟嘴　3.铜钱　4.铜簪　5.铜镜

棺长1.92米，宽0.48—0.59米，残高0.24米，棺内骨架保存极好，头西足东，面向东，仰身直肢葬，墓主骨骼纤细，颅骨较小，初步推断为女性。

随葬品：

铜烟锅1件。标本M7：1，锈残，一端呈圆形，另一端呈圆柱状，与烟杆连接，烟杆剖面呈椭圆形，中间有孔，孔由锅至嘴渐细，烟杆腐朽残缺。通长8.1厘米、直径1.8厘米（图四，8；照片十二）。

铜烟嘴 1件。标本M7：2，铜质。锈残，呈筒状圆柱体，首部至尾部逐渐变粗，内凹外展，通体素面无纹。通长9.5厘米、直径1厘米（图四，9；照片十三）。

铜簪1件。标本M7：4，锈残，整体鎏金。簪首与簪体为分别做成后接上，簪首呈葫芦形，其下用铜丝掐接焊接呈五面禅杖状，连环脱落，簪体呈圆锥形，尾尖细。残长18.4厘米（图四，2；照片十四）。

铜镜1件。标本M7：5，带绿锈斑。

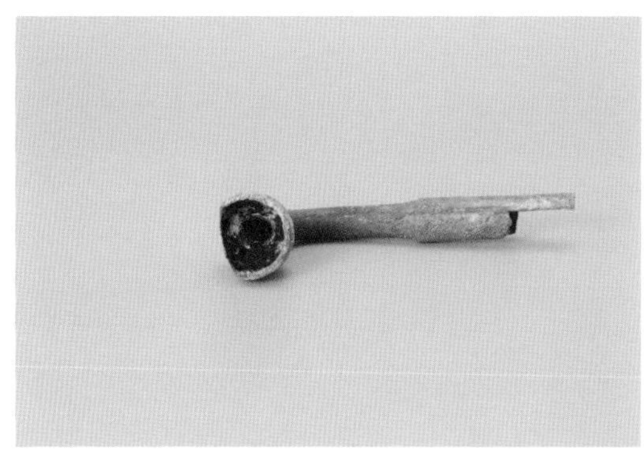

照片十二 铜烟锅（M7：1）

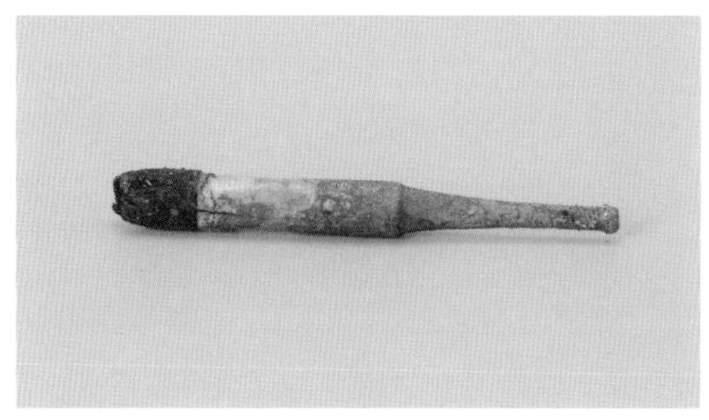

照片十三 铜烟嘴（M7：2）

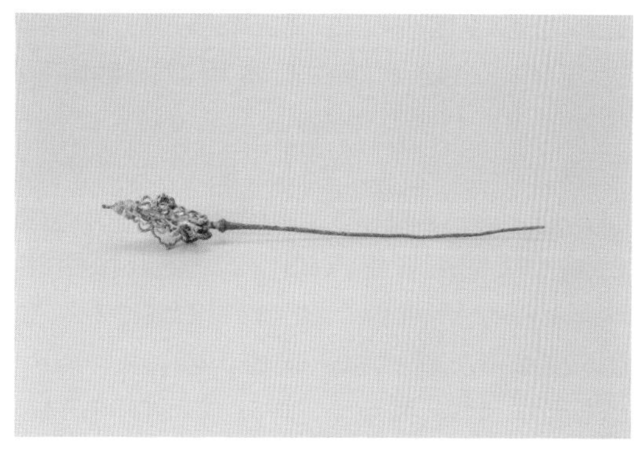

照片十四 铜簪（M7：4）

照片十五 铜镜（M7：5）

残，圆形，高缘，圆形钮座，穿孔。正面抛光较好，内外两区素面无纹。正面直径13.6厘米、钮长1.8厘米、钮高0.6厘米、厚0.2—0.6厘米（图四，11；照片十五）。

铜钱1枚。标本M7：3，北棺出土，锈残，圆形，方穿，正、背面有圆郭，正面铸钱文“乾隆通宝”四字，楷书，对读，背面穿左右铸满文“宝泉”二字，纪局名。钱径2.32厘米、穿宽0.58厘米、厚0.16厘米（图七，6）。

二、小结

此次发掘的8座墓葬，以单棺墓为主，双棺墓为辅，均为北京地区清代墓葬中常见类型。其中银簪（M7：4）与五棵松篮球馆内M25：1、M27：6、M32：1、M36：5①出土器物基本相似；釉陶罐（M1：1）与奥运村M32：1、M41：2②、奥运一期M47：1、M61：1③出土器物相似；银耳环（M3：3）与奥运村M36：5④相似；镂空形银簪（M3：2）与五棵松棒球场M17：1⑤近似；银扁方（M1：1）与团城湖M96：4⑥相似；银簪（M5：2）与五棵松24：4⑦、奥运一期M5：2、M185：1⑧相似；银簪（M5：3、M5：4）与奥运一期M212：1⑨相似。另外，出土铜钱皆为清代“乾隆通宝”及“嘉庆通宝”，故推断该几座墓葬为清代中晚期比较适宜。

综上所述，此次发掘的8座墓葬，从墓葬形制及随葬器物可以看出，墓葬规格较低，随葬品极少，应该为平民墓葬。同时，墓葬分布比较集中，排列方式有规律可循，以M6为首由北向南侧斜向分布，据此初步推断该批墓葬可能属于清代中晚期同一个家族的墓地。

通过对中国政法大学清代墓葬的发掘，使我们对该地区清代墓葬的形制、结构、特点有了一定的认识，并对该地区丧葬习俗有了较多的了解，为进一步研究该地区的社会发展状况提供了实物资料。

发掘：韩鸿业、王宇新

绘图：孙建国

照相：孙建国

执笔：韩鸿业、王宇新

---

①⑦北京市文物研究所、北京市文物局：《北京奥运场馆考古发掘报告•五棵松篮球馆工程考古发掘报告》，科学出版社，2007年。

②④北京市文物研究所、北京市文物局：《北京奥运场馆考古发掘报告•奥运村工程考古发掘报告》，科学出版社，2007年。

③⑧⑨北京市文物研究所、北京市文物局：《北京奥运场馆考古发掘报告•奥运一期工程考古发掘报告》，科学出版社，2007年。

⑤北京市文物研究所、北京市文物局：《北京奥运场馆考古发掘报告•五棵松棒球场工程考古发掘报告》，科学出版社，2007年。

⑥北京市文物研究所：《海淀中坞•北京市南水北调配套工程团城湖调节池工程考古发掘报告》，科学出版社，2017年。

浅谈北京地区东汉魏晋墓葬考古中需要注意的几个问题

张利芳　张中华

近20年来，随着基建考古工作大量开展，北京地区发现了数量众多且成片分布的汉墓，如亦庄汉墓[①]、丰台南苑汉墓[②]、窦店与长阳汉墓[③]、房山南正汉墓[④]、平谷汉墓[⑤]等。相较于汉墓，魏晋墓的发现尤显得少，从新中国成立到现在，累计有海淀八里庄曹魏墓[⑥]、石景山八角村晋墓[⑦]、景王坟晋墓[⑧]、华芳墓[⑨]、顺义大营村晋墓[⑩]、房山小十三里村晋墓[⑪]、老山南坡西晋墓[⑫]、昌平沙河晋墓[⑬]、房山水碾屯西晋墓[⑭]、大兴四海庄西晋墓[⑮]、密云西晋墓[⑯]等。随着考古资料的积累，北京地区的汉晋墓葬考古学研究也相应取得了一定成果，表现在分期断代、形制研究、物质文化面貌等方面[⑰]，但其中仍有个别问题需要我们加以注意。

一、“器物台”与“棺床”

在北京地区的东汉砖室墓中，常发现有在墓室砖壁下砌出一个高于墓室底部的高台的现象，对此高台的名称、性质在报告中表述不一，有的记为“器物台”，有的记为“棺床”，有的则直接描述为生土台。如兴谷河道治理工程M19为一座南北向的带墓道单砖室墓，报告描述墓室“北部设一砖砌棺床”[⑱]（图一）；西杏园M5为带墓道横前室、单后室墓，“在前室西北角用青砖砌有棺床一个”[⑲]（图二）。新宫M15为一座带墓道多砖室墓，在后室北壁下有一长方形棺床（图三）；植物油厂M6

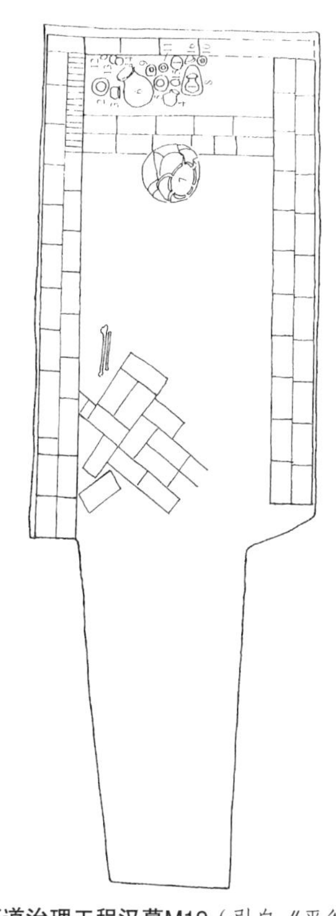

图一　兴谷河道治理工程汉墓M19（引自《平谷汉墓》）

为一座横前室、纵后室双室墓，前室东部有一长方形器物台；植物油厂M12为一座方前室双后室墓，东后室东侧有一砖砌器物台，西后室西侧有一砖砌器物台[⑳]。在窦店与长阳汉墓中，窦店M12为一座带墓道单砖室墓，墓室后壁下方的高台被描述为器物台，而M16形制与M12相同，墓室后壁的高台则被描述为棺床（图四）；M23为一座南北向带墓道前横室、后纵室双砖室墓，前室西部有棺床；长阳11M3墓室北壁

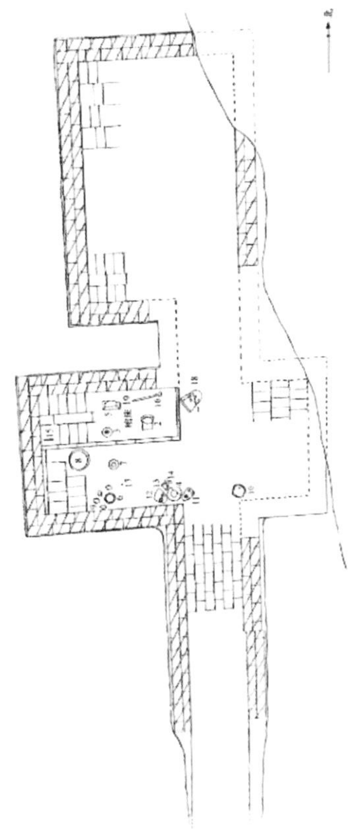

图二 西杏园汉墓M5（引自《平谷汉墓》）

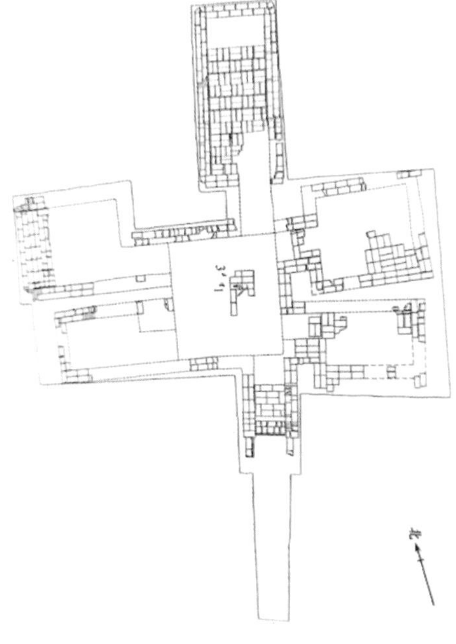

图三 新宫M15（引自《丰台南苑汉墓》）

置有一生土器物台（图五）[21]。房山南正M17、M19均为带墓道单砖室墓，靠后壁有

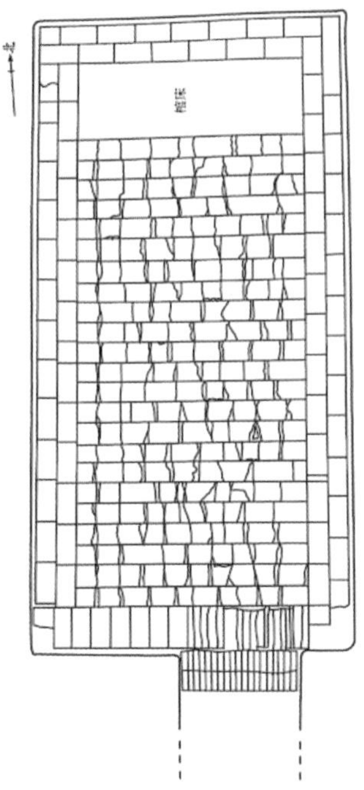

图四 窦店M16（引自《窦店与长阳》）

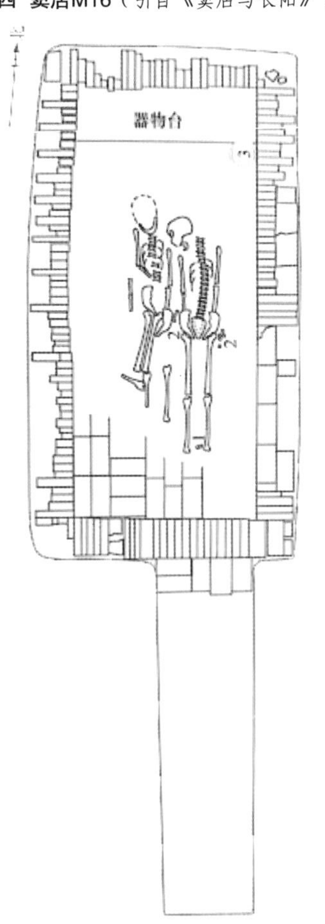

图五 长阳11M3（引自《窦店与长阳》）

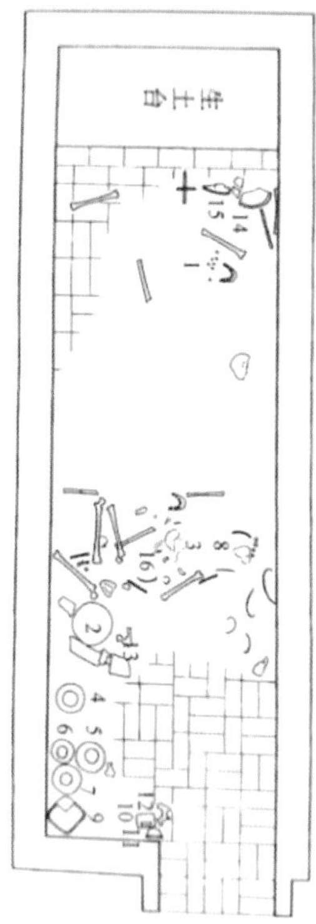

图六 房山南正M17（引自《房山南正遗址——拒马河流域战国以降时期遗址发掘报告》）

一生土台（图六），M14墓室北端置棺床，M15“生土台靠近墓室北壁”“用于放置随葬品”，M16为前后室双室墓，前室一侧有一长方形器物台[22]，可见，上述现象在北京地区考古发掘的汉墓中较为常见，兹不一一赘述。由如此众多的墓例可以看出，此并非偶然现象。学者胡传耸也注意到了这个现象：“房山区岩上、南正两处遗址所见刀形单室墓中，多数墓葬的墓室后部有一横长方形台，这类方台一般为生土台，台前缘和表面用砖镶面。”同时指出在这类台的表面很少见到人骨或葬具痕迹，且台的横长一般在1.5米左右，多数不足以横置一具木棺。如若遇到合葬，台面的宽度也不足以并列放置两具木棺，故可暂时排除为棺床的可能。但是出土器物也很少见到集中放置于此类方台上的例子，清理时方台表面无任何器物或仅有少量器物，而且多数随葬器物均出土于墓室内方台以外的其他部位，所以虽倾向于器物台，但也不敢断言[23]。那么，这个高台到底是棺床还是器物台，还是另有他称，值得思考。在未明确其功用之前，暂以高台指称。

高台在东汉时期的单室墓、双室墓和多室墓中均有发现。在单室墓中，一般均位于墓室后壁之下。这个位置其实是比较特殊的。任何事物的产生都有一定的根源，那么，北京地区的东汉墓自然离不开西汉墓的传统。从北京地区考古发现的数量众多的西汉墓来看，不管是竖穴式墓还是带墓道“甲”字形墓一般多在头部置有头箱，用来摆放随葬品，即使没有头箱，随葬品也多位于头部位置。可见，在头部摆放随葬品是一个非常固定的传统。这涉及的是人们对待死亡的一种观念，更涉及人们在对随葬物品的处理行为中所蕴含的思想意识。人们相信一个人死亡之后会在另一个世界继续生活，生前享用的一切卒后仍继续享用，表现在物质上，普通人仅具日常用器，豪族往往会享用最好的器用，甚至还会将动物、杂役人员等陪葬。北京地区考古发现的单室墓，尤其是西汉时期，在头部放置的随葬品多为壶、罐之类，是基本的盛具或饮食器，是供死者在另一个世界仍然能像生前一样获取日常生活所需的饮食，故放在头部而不是其他部位。到了东汉时期，随着生产力的进步，砖室墓兴起，随着墓葬结构的改变，砖砌器物台应运而生，以此来实现祭祀物品的承托功能。但为何在器物台上很少见到器物，大量的随葬品却发现于墓室的其他位置？推测一方面由于被扰乱，原本在高台上的器物改变了位置。另一方面是因为这个高台仅用来摆放供死者享用食饮的器具，而其他物品则不被安放在器物台上。无论如何，单室墓中的高台，似乎都不应该是棺床，这点从房山南正遗址M5来看是十分明确的。房山南正M5为一座坐东朝西的带墓道单砖室墓，墓室内有两具人骨，头朝墓室后壁。在墓室后壁下有一长方形生土高台，随葬品位于高台上或附近[24]（图七）。2016年在配合北京城市副中心建设时，发现一座带墓道东汉砖室墓2016THM652，可以明显看出，墓室内两具尸骨保存较好，墓室后壁下为器物台，台上摆满了随葬品[25]（图八），这个证据更为确凿。退一步讲，即使未发现确凿的实物证据，那么我们也可以做一个假设。假如墓室后壁下的高台是棺床的话，则相对于墓道来说，遗体呈横向放置，这也不符合汉墓中对墓主人遗体处理时的空间安排，因为从目前考古发现的汉墓来看，墓主人全部为顺着墓道摆放，这点也是较具说服力的。

图八 副中心 2016THM652

双室墓中的高台一般位于前室的侧壁下，如亦庄X11号地M19为前横室、后纵室双室墓，在前室西壁下有长方形高台，报告描述为棺床[26]，岩上M57[27]、窦店与长阳M23同[28]。多室墓中的高台一般也位于前室，如临河汉墓为一座前后室、双耳室多室墓，前室后壁靠左有一高台[29]；平谷西柏店、唐庄子汉墓M1和M103均在前室右端有高台，其上多为生活用具[30]。对于双室墓、多室墓来说，前室一般相当于厅堂，后室一般为棺室，那么位于前室的高台，自然也不太可能为棺床，似应为器物台。但在考古发现中，还有两例发现于后室的高台，如植物炼油厂M12，是一座坐北朝南的方前室、双后室墓，在西后室西壁下和东后室东壁下各有一南北向高台，其中，西后室高台下有一陶棺，高台上及附近未发现随葬品[31]；平谷西柏店和唐庄子汉墓M103西后室有棺床，上置两具人骨；M1西后壁有砖台，台上及附近因盗扰未发现任何遗物[32]。类似这样位于后室的“棺床”，需要我们在今后考古发掘时多加关注，以求积累更多的资料来充分明确其功用。从目前的考古发现来看，棺床自北朝开始出现并流行，如果在汉墓中确有棺床，则可使我们对“棺床”最早出现在墓室中的时间有一个新的认识。

图七 房山南正 M5

二、墓葬的断代与等级

关于北京地区汉墓的分期与断代，有学者曾做过细致的工作[33]，但由于体例问题，未能将已发掘的魏晋时期墓葬放到一起做综合考察；或囿于没有明确纪年器物，通常将东汉晚期与曹魏时期墓葬作为一期，如北京亦庄X10号地汉墓分期[34]。对晋墓的分期断代，限于数量不多，仅根据纪年墓为比照，将其分为早晚两期[35]。纵观北京地区东汉魏晋时期墓葬形制变化，总体上是在同一个体系内所做出的不同调整，系统连贯，未发生过异变，故将其作为一个整体考察似乎更能体现出该区域墓葬发展脉络的完整性[36]。

杨晓芳、潘玲两位学者在《东汉晚期至西晋时期洛阳地区墓葬形制研究》一文中指出，洛阳地区东汉晚期流行主室为横长方形的墓葬，到西晋时期转变为流行主室为方形的墓葬；顺长方形墓葬从低等级墓葬形制转变为高等级墓葬形制，其中，曹魏至西晋初期是墓葬形制变化的最关键时期，这一变化在西晋中晚期基本完成，并进入稳定发展期。具体来说，从魏到晋期间墓葬形制的发展演变为：曹魏前期乙类墓（主室平面为顺长方形）完全从低级别墓葬转变为高级墓葬；曹魏后期至西晋初期，甲类即横前室墓不见，主室方形的丙类墓成为绝对主流；西晋中晚期，绝大多数墓葬为主室方形，但形制更加丰富，主室为顺长方形的墓葬数量依然较少，级别较高[37]。该文对墓葬形制变化的敏锐把握对北京地区东汉魏晋墓葬的研究也颇具启发意义。北京地区曾发现两座有明确纪年的魏晋时期墓葬，即曹魏正始五年（244）墓和西晋泰始七年（271）墓。曹魏正始五年墓前室长方形，出土器物有罐、盘、匜、仓、灶、井、圈、陶槅、虎子、鸡、灯、双耳杯、舞俑，五铢钱、铜弩机等[38]；西晋泰始七年墓前室近方形，出土有双系陶罐、陶磨、铜发钗等[39]，该墓形制简报未报道，但与其属于同一家族墓的M2、M4形制几乎相同，前室近方形，前后墓室一侧壁连同通道壁在同一直线上（图九）。八角村晋墓虽无纪年，但从随葬的铜铃、弩机、釉陶壶等器物判断为西晋墓毫无疑问，该墓前室平面也近方形[40]（图十）。由上述几个墓例似乎可隐约看出北京地区从汉到晋的双室及多室墓的前室（或主墓室）也有一个从横长方形到方形的转变趋势。

目前为止，北京地区刊布了数量众多的被认定为东汉时期的大中小型砖室墓，其中是否有曹魏和西晋中期以前的墓葬，恐怕仍需要给予更多的关注[41]。胡娟在其最近的学位论文中专门针对北京地区东汉晚期到西晋时期的墓葬进行了研究，详细梳理了北京地区公开发表的汉晋墓葬资料，依据几类器物形态的演变和新出现的器类，从中辨认出了一些属于曹魏时期的墓葬，并进而对东汉晚期到西晋时期的墓葬进行了分期[42]。既有此全面系统性的力作，故笔者在此仅做一简单的补充性探讨，暂以双室和多室墓为例[43]。

关于丧纪之制，历来有“魏晋以来，大体同汉”[44]的认识；又东汉末年群雄混战，北京地区较少受到波及，即使在曹魏统一北方的进程中，幽州也并非主战场。占据幽州之后，该地区作为北方重镇受到曹魏政权的重视。曹魏、西晋政权和平更替，西晋政权在曹魏治理基础之上，对幽州地区亦较重视，且太康、元康时期，是西晋北边最稳定的时期[45]。可见，东汉、曹魏、西晋时期，北京地区社会相对来说一直处在一种较为稳定的状态下，这样的

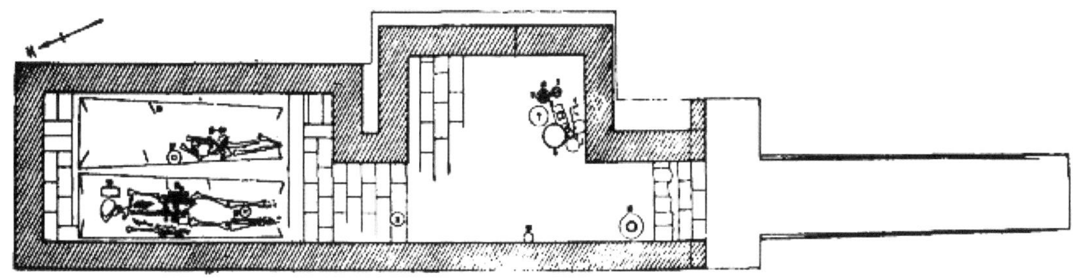

图九　大营村西晋墓 M2

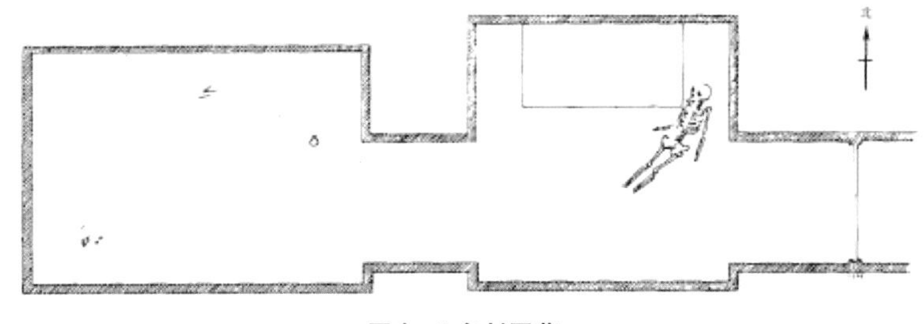

图十 八角村晋墓

一种时尚，灶的形制为方形，灶面模刻有勺等炊食具，推测X10M53很可能为一座西晋墓；X10号地M64前后室的一侧墓壁在一条直线上，前室方形，出土有陶牛和平面略呈梯形的陶灶，灶面有模刻，可能为晋墓[47]。北京大兴区四海庄M5是一座比较特殊的墓葬，由三组前后双室墓并排组成，位于边上的一组前后双室墓，其前后室墓壁在一条直线上，中间一组墓的前室呈方形，出土的灶平面呈梯形，灶面有模刻，可能为曹魏晚期至晋初墓葬[48]。横前室类墓，如房山南正M22，其为横前室、单后室墓，出土圜底罐、壶、扁壶、案、俑、灶、井等，灶梯形，灶面无装饰，根据陶壶、圜底陶罐等器物形态判断，该墓当为东汉晚期墓，下限可能到曹魏初期[49]。西杏园M5为横前室、单后室墓，出土的马蹄形素面灶，年代偏早，为东汉墓无疑[50]。植M6前横室、后单室，从出土圜底罐、梯形灶，且灶面无装饰等特点来看，当为东汉墓[51]。方前室类墓，如槐M18，并列两前室，左右耳室，两个后室，该墓随葬器物有磨、井、水斗、魁、案、灶、俑等，灶梯形，灶面上模刻有各种炊具，推测可能为曹魏后期到西晋初期墓葬[52]。植M12，前方室、后双室，随葬有魁、灶等，灶平面梯形，灶面有炊具，形制同槐M18，可能为曹魏后期到西晋初期墓葬[53]。大兴亦庄79号地M3方形主室，旁边带一耳室，随葬灶、奁、厕、陶魁、楼、盆、狗、俑、水斗等。陶灶梯形，灶面上刻出勺、鱼、肉、刷等工具，可能为曹魏后期到西晋初期墓葬[54]。纵前室类墓，新凤河M7纵长方形前室，梯形灶，灶面有模刻，3个火眼，陶盆不太类汉，可能为曹魏墓[55]。举此几例，意在引起对出土平面呈梯形灶的墓葬的关注，并在灶的形制基础上，

社会背景也使得墓葬发展较为系统有序连贯，即笔者在前文中提到的汉晋墓葬是在同一个体系内所做出的不同调整，这也是东汉晚期、曹魏、晋初墓葬断代困难的一个原因。在业已发现的被认定为东汉至曹魏时期的双室墓或多室墓中，可比照前述几座纪年墓的形制特征去仔细甄别。在考察墓葬主室平面形状的前提下，再去仔细琢磨随葬器物形态、种类的变化，两相结合来大致确定墓葬的相对年代。在被划定为东汉晚期的墓葬中，随葬器物包括罐、仓、厕、井、灶、盘、动物俑、人俑等，器类变化不大，新出现的器形多在西晋时期。在器类几乎相同的情况下，我们发现灶是从西汉晚期到西晋时期一直沿用的一种器物类型，且形态变化较明显，大致演变趋势为：马蹄形、圆角三角形灶出现的时间较早，大量流行时代约在东汉中期；梯形灶出现较晚，大致流行于东汉晚期，之后一直延续到魏晋时期；梯形灶开始时灶面为素面，后来逐渐模印出各种炊食具（表一），其中在长梯形灶的灶面上还有带挡风的一类灶，这类灶在西高穴曹操墓中有出土，据此我们暂可将出土此类灶的墓按曹魏时期对待。掌握了灶的发展演变规律，再去关注出土梯形或方形灶的墓葬，根据器物使用的延续性，在这些墓葬中想必会有一定数量的曹魏或西晋初期的墓葬。以此为线索，并结合几座纪年墓的形制，我们来考察几个具体的墓例。

大兴亦庄X10号地M53前后室的一侧墓壁在一条直线上，形制同大营村西晋墓M2，出土陶灯、陶灶、陶樽、陶牛、陶俑、陶奁等，陶牛在汉墓中几乎不见，牛车在西晋时成为贵族出行乘坐的

表一 北京地区曹魏、西晋墓出土陶灶

	平面	灶面	尺寸（长、宽、高）	所出墓葬
	长方形	模刻火钎等庖厨用具，1个灶眼	16厘米、12.3厘米、10.9厘米	八里庄曹魏正始五年墓
	长方形	模印2勺、一钩一铲，3个灶眼	25厘米、18厘米、9厘米	八角村晋墓
	长方形	模印有火钩、勺等，2个灶眼	21厘米，16厘米、9厘米	顺义县大营村西晋墓M8
	长方形	模印勺、铲等炊具，1个灶眼	15.8厘米、12.2厘米、9厘米	景王坟 西晋墓M1

再结合具体墓葬形制及其他伴出器物类型慎重判断其中是否有可划归为曹魏晋初时期的墓葬。当然，这只是在寻求一个突破口，至于曹魏晋初墓葬的认定仍需继续深入研究。

通过上述择要分析，我们发现北京地区东汉到曹魏再到西晋时期的墓葬的发展演变似乎确有这样一个趋势，即东汉时期流行横长方形前室或主室墓，曹魏时期出现纵长方形前室或主室墓，西晋时主室流行方形或近方形。在这样的线索下，再审视出土器物，如新凤河M2方形主室，旁有耳室，双后室，出土1件折肩陶罐，不类汉墓出土陶罐，推测当为晋墓[56]。新凤河M12形制同大营村M2，出土夹砂夹蚌红陶盆，圆唇外翻，不类东汉陶盆，推测当为晋墓[57]。

总之，在已有的纪年墓前提下，通过器物校正墓葬，再通过墓葬形制反观器物，通过这样一个反复的对照分析与研究过程，想必会在曹魏晋初墓葬的断代上能有所收获。此外，如胡传耸所述，新器形，如伏虎帐座等的出现也尤其需要关注。一般情况下，人群变化，如其他地区的人口流入亦或改朝换代会带来一定程度上的社会新风尚，这种新风尚也会表现在器物上。

关于墓葬等级，目前仅西晋后期单室墓可以封门道数的多少和是否随葬弩机作为判断标志，东汉至西晋前期这段时间似乎不太容易做出结论。尽管如此，我们仍可根据墓葬的规模来大致判断墓葬本身的等级。这里强调墓葬本身等级，而不是墓主人等级，是因为东汉以来社会上有一个庞大的豪强地主阶层，该阶层虽无官位等级，但由于有巨大的经济实力，所以他们的墓葬规模往往很豪华，如无身份标识物发现，我们很难说一座墓葬的主人是官吏还是豪强地主。但这里需要注意的一点是，墓葬规模似应以功能性墓室的多少为标准来衡量更为合理，即除了葬室，还应更多考虑其他功能性空间，比如在有一个前室、两个后室且后室均为葬室的情况下，我们可以双室墓来对待。总之，在墓葬对应的使用者的身份等级上，以现有资料尚不太好做出一个相对准确的判断，只能得出大致结论。

三、与北方草原地区的物质文化交流

汉晋时期，北京地区与北方草原地区之间的交流主要围绕战争展开，但既然有交流，就必定会在物质文化上有所体现，主要表现在器物形态和纹饰上，兹以几件陶罐、扁壶和陶俑为例进行简要阐述。

1. 双系及肩部饰戳印点纹陶罐

双系位于肩部，竖置，有房山区琉璃河镇立教村西晋墓M3：3（图十一）[58]、顺义大营村西晋墓M8：7（图十二）[59]。肩部置双耳，便于穿绳携带，具有游牧民族习用器物特征，且这种罐在被认为与鲜卑遗存有关的墓葬中常有发现，如扎赉诺尔墓群出土的双耳罐[60]、六家子墓群出土的83号小口罐[61]、三道湾墓地出土的M2：3、M113：1、M5：2、M107：2、M11：1[62]、前山十六国墓出土的陶双系罐等[63]。另外，在农牧交界地区的朔县汉墓（GM233：6）[64]、离石马茂庄汉墓（93LM4）[65]、召湾汉墓（M60：3）[66]中也有类似发现，可见该类罐在汉地的流行区域也处在民族杂糅之地，这或许从一个侧面反映了该类陶罐的流行很可能是受到了游牧民族的影响。大营村陶罐M8：7尤其值得关注，其颈部饰有戳印凹点纹的装饰风格在被认为是鲜卑墓葬遗存中较常见，无疑是受到了鲜卑陶器装饰风格的影响。同样的装饰风格还见于延庆王化营西晋墓陶壶M12：2，其颈部饰有两周戳印点纹（图十三），不但装饰风格，连同器形[67]，均为塞外鲜卑族所习用。与延庆王化营西晋墓陶壶M12：2形制、纹饰相同的还有在延庆西屯发现的M41：10（图十四）[68]。

2. 水波纹陶罐

在北京地区汉晋时期的墓葬中，还发现有肩部饰水波纹的陶罐，如长沟汉墓M23：4[69]、丰台南苑汉墓槐M8：3[70]、丰台王佐汉墓M25：6[71]、亦庄X10号地汉墓M37：1[72]、房山立教村西晋墓M3：1（图十五）[73]、密云西晋墓M1：10[74]、延庆大榆树西晋墓M1：21（图十六）[75]、房山窦店M12：1（图十七）[76]等。水波纹为匈奴陶器典型纹饰，已为学界共识。此纹饰在汉晋时期北京地区出现，似乎也应当是受到了匈奴文化因素的影响，值得关注。在上述陶罐中，尤其值得注意的是房山窦店M12：1，该陶罐出土于一小砖室墓中，与该罐伴出的有一件夹砂筒形罐M12：2（图十八），口部无存，底部有烟炱，该类筒形罐被认为是早期鲜卑墓葬中常有的发现。这两件陶器，一件具有匈奴陶器的装饰风格，一件具有鲜明的鲜卑风格，似乎共同向我们昭示北京地区该时期民族间的交往、交流。

3. 扁壶

与双系陶罐相类似的还有一类器物，即扁壶，在汉晋墓中也常有发现，如平谷兴谷河道汉墓M21：31（图十九）[77]、大兴四海庄魏晋墓M5：16（图二十）[78]、延庆

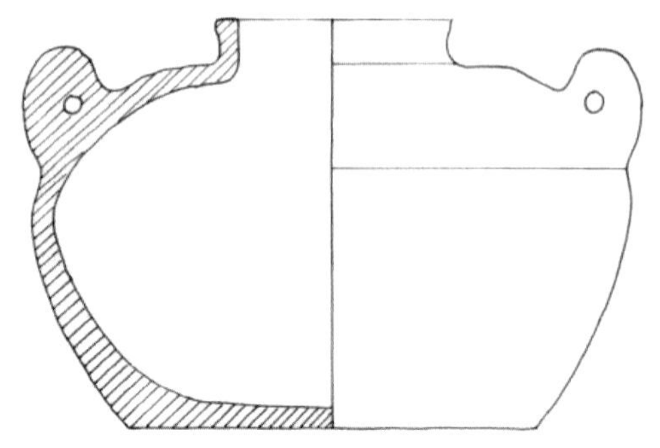

图十一 立教村陶罐M3:3

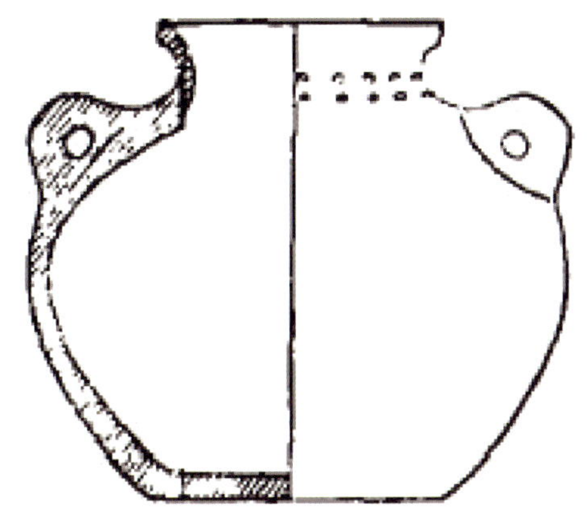

图十二 大营村陶罐M8:7

图十三 王化营陶壶M12:2

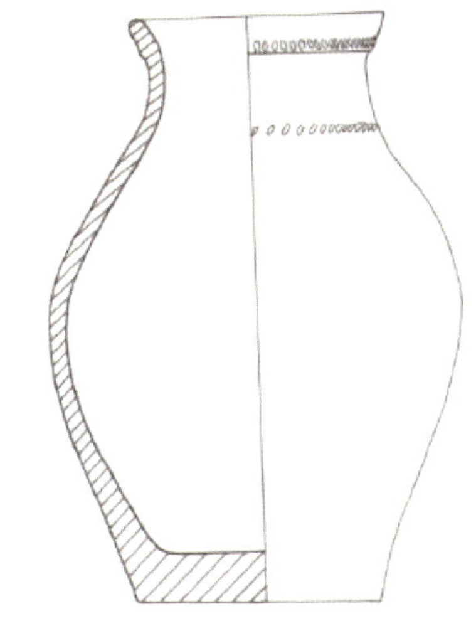

图十四 延庆西屯陶壶M41:10

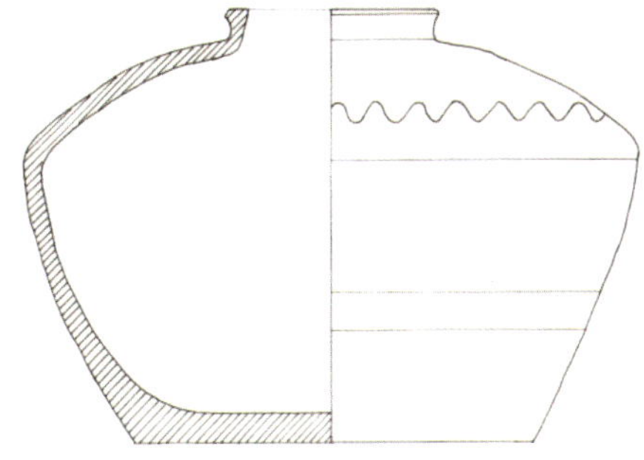

图十五 立教村陶罐M3:1

大榆树西晋墓M1：9[79]等。这类扁壶肩部均有两立耳，以常识判断，这样的立耳绝对不是为了便于用手端持，而是为了穿绳携带，推测也有可能是受到草原游牧民族皮囊式壶的影响。值得关注的是西安地区曾出土有一件蹲坐式胡俑（图二十一），左手持杯，作饮酒状，双腿间有一件与上述形制一模一样的扁壶。此壶与胡俑相伴，似可作为该类扁壶是受到游牧民族影响的一个佐证[80]。

4. 陶俑

东汉曹魏墓中多为庖厨俑、捣米俑、守备俑等，从五官和衣着看，明显为汉人。西晋墓中常见一种头戴尖帽、身着衣裤的俑，如北京西郊景王坟西晋墓出土陶俑[81]、房山小十三里晋墓出土陶俑（图二十二）[82]。从五官和衣着来看，此类陶俑的形象颇类胡人；从双手姿势来看，似为驾御俑。这类胡俑在洛阳地区晋墓中亦有大量发现，其中洛阳春都路出土的1件相同形制的胡俑站在陶马旁，身着袍服的汉俑则站在牛车旁，更能直接说明该俑的功能[83]。此种现象或是因为两汉时胡人尚未大规模进入到北京山前平原地区，仅在太行山、燕山、军都山外活跃。曹魏、西晋时，各种势力相互征战，多用胡骑，由此进入幽州腹地的胡人逐渐增多。幽州腹地不宜游牧，留守下来的胡人在非战时便没有了用武之地，很可能就更多地充当了地主庄园或官府的私人杂役，由于他们自身善驭牲，故多用来从事驾驭类杂役。据《晋书·王恂传》，曹魏时“太原诸部以匈奴胡人为佃客，多者数千”[84]，西晋墓中胡俑的出现反映的应当正是这种社会境况。

概而言之，从目前考古出土材料来看，北京地区两汉时期与北方草原地区在物质文化因素上的互动更多是受到间接影

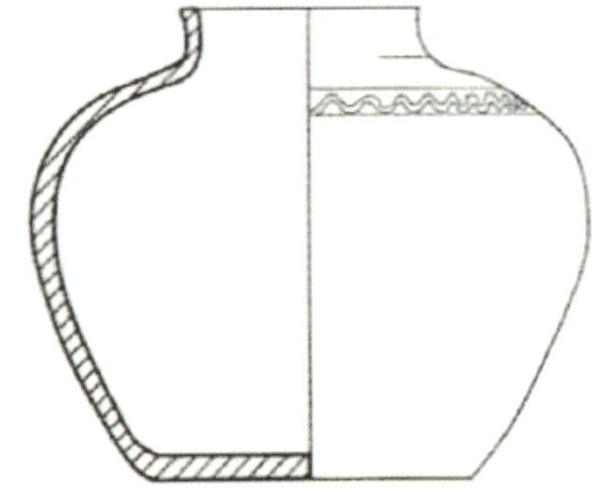

图十六 大榆树陶罐M1：21

图十七 房山窦店陶罐M12：1

图十八 房山窦店筒形罐 M12：2

响。曹魏政权采取以胡御胡、以胡防胡的统治手段治理北部边疆，使得北京地区开始成为胡汉交流的舞台。到了西晋时期，北京地区与草原地区之间的交流与碰撞变得更为直接、更为明显。

四、结语

北京地区汉晋墓葬自成一体，发展连贯，数量众多，形制多样，随葬品器类丰富，为开展相关研究提供了相对丰富的资料、相对广阔的空间。本文在前人的研究基础之上，略有感想，行之于文，其中的一些见解不甚成熟，希望能起到抛砖引玉的作用，使北京地区汉晋时期考古研究能有更深一步的推进。

---

①北京市文物研究所：《北京亦庄考古发掘报告（2003—2005）》，科学出版社，2009年；北京市文物研究所：《北京亦庄X10号地》，科学出版社，2010年；北京市文物研究所：《北京亦庄X11号地考古发掘报告》，科学出版社，2012年。

②北京市文物研究所：《丰台南苑汉墓》，科学出版社，2019年。

③北京市文物研究所：《窦店与长阳》，科学

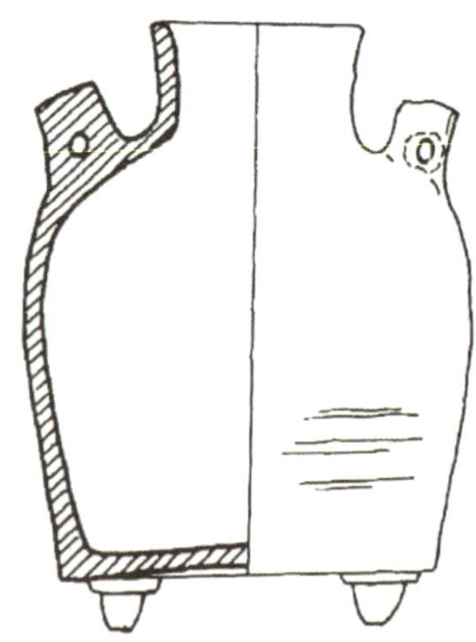

图十九 平谷兴谷河道扁壶M21：31

图二十 大兴四海庄扁壶M5：16

图二十一 西安出土蹲坐式胡俑

图二十二 房山晋墓出土陶俑

出版社，2013年。

④北京市文物研究所：《房山南正遗址——拒马河流域战国以降时期遗址发掘报告》，科学出版社，2008年；北京市文物研究所：《北京段考古发掘报告集》，科学出版社，2008年。

⑤北京市文物研究所：《平谷汉墓》，科学出版社，2011年。

⑥㊳董坤玉：《北京考古史·魏晋南北朝隋唐卷》，上海古籍出版社，2012年，第16页。

⑦㊵石景山区文物管理所：《北京市石景山区八角村魏晋墓》，《文物》2001年第4期。

⑧㊽北京市文物工作队：《北京西郊发现两座西晋墓》，《考古》1964年第4期。

⑨北京市文物工作队：《北京西郊西晋王浚妻华芳墓清理简报》，《文物》1965年第12期。

⑩㊴㊾北京市文物工作队：《北京市顺义县大营村西晋墓葬发掘简报》，《文物》1983年第10期。

⑪董坤玉：《北京考古史·魏晋南北朝隋唐卷》，上海古籍出版社，2012年，第17—18页。

⑫董坤玉：《北京考古史·魏晋南北朝隋唐卷》，上海古籍出版社，2012年，第28—29页。

⑬北京市文物研究所：《昌平沙河——汉、西晋、唐、元、明、清代墓葬发掘报告》，科学出版社，2012年。

⑭北京市文物研究所：《北京房山水碾屯西晋墓发掘简报》，《文物》2017年第1期。

⑮㊽㊸北京市文物研究所：《北京四海庄魏晋墓发掘简报》，《文物春秋》2014年第2期。

⑯㊹北京市文物研究所、密云县文物管理所：《北京密云西晋墓发掘简报》，《文物春秋》2012年第6期；北京市文物研究所、密云区文物管理所：《北京密云西晋墓发掘简报》，《中国国家博物馆馆刊》2019年第3期。

⑰系统专题性研究见胡传耸：《北京考古史·汉代卷》，上海古籍出版社，2012年；胡传耸：《北京地区汉墓概况及墓葬形制分析》，《北京文博》2008年第4期；胡传耸：《北京地区汉代墓葬分期与年代研究》，《北京文博》2009年第1期；胡传耸：《北京地区魏晋北朝墓葬论述》，《文物春秋》2010年第3期。其余对汉墓所做的分析与研究散见于各有关发掘报告。

⑱北京市文物研究所：《平谷汉墓》，科学出版社，2011年，第52页。

⑲北京市文物研究所：《平谷汉墓》，科学出版社，2011年，第100页。

⑳北京市文物研究所：《丰台南苑汉墓》，科学出版社，2019年，第139、157、168页。

㉑北京市文物研究所：《窦店与长阳》，科学出版社，2013年，第52、71、88、131页。

㉒北京市文物研究所：《房山南正遗址——拒马河流域战国以降时期遗址发掘报告》，科学出版社，2008年，第132、139、122、127、183页。

㉓胡传耸：《北京考古史·汉代卷》，上海古籍出版社，2012年，第147页。

㉔北京市文物研究所：《房山南正遗址——拒马河流域战国以降时期遗址发掘报告》，科学出版社，2008年，第104、105页。

㉕北京市文物局等：《北京城市副中心考古（第一辑）》，科学出版社，2018年，第82页。

㉖北京市文物研究所：《北京亦庄X11号地考古发掘报告》，科学出版社，2012年，第54页。

㉗北京市文物研究所：《房山南正遗址——拒马河流域战国以降时期遗址发掘报告》，科学出版社，2008年，第87页。

㉘北京市文物研究所：《窦店与长阳》，科学出版社，2013年，第88页。报告亦描述为棺床。

㉙北京市文物管理处：《北京顺义临河村东汉墓发掘简报》，《考古》1977年第6期。

㉚㉜北京市文物工作队：《北京平谷县西柏店和唐庄子汉墓发掘》，《考古》1962年第5期。

㉛北京市文物研究所：《丰台南苑汉墓》，科学出版社，2019年，第168页。报告记为器物台。

㉝胡传耸：《北京考古史·汉代卷》，上海古籍出版社，2012年，第141—168页。

㉞北京市文物研究所：《北京亦庄X10号地》，科学出版社，2010年，第147—150页。

㉟董坤玉：《北京考古史·魏晋南北朝隋唐卷》，上海古籍出版社，2012年；胡传耸：《北京地区魏晋北朝墓葬论述》，《文物春秋》2010年第3期。

㊱北京地区汉晋墓葬更强的延续性，还体现在西晋晚期墓葬形制的转变上。西晋晚期，北京地区的墓葬几乎全部为纵长方形单室砖墓，是本地区固有的墓葬类型，只是两壁略外弧而已，而洛阳地区大量流行的则是方形单室墓。

㊲杨晓芳、潘玲：《东汉晚期至西晋时期洛阳地区墓葬形制研究》，《辽宁省博物馆馆刊》，辽海出版社，2013年。

㊶西晋后期墓葬比较容易辨认，一是有新的器物类型出现，罐、碓等的形态发生了较明显的变化；二是墓室多为纵长方形单室，墓壁略外弧，故我们重点辨认东汉晚期、曹魏直至晋初的墓葬。

㊷胡娟：《北京地区东汉晚期至西晋时期墓葬研究》，吉林大学硕士学位论文，2018年。

㊸以双室墓或多室墓为例是一个相对好操作的办法，以此断代后，再依据器物形态去对照单室墓，看其中是否有属于曹魏时期的。西晋时期单室墓形制及随葬器物均有较为明显的特点，比较好判断。

㊹《晋书》卷二十《礼志》，中华书局，1974年，第613页。

㊺曹子西等：《北京通史》第一卷，中国书店，1994年，第258页。

㊻北京市文物研究所：《北京亦庄X10号地》，科学出版社，2010年，第11页。

㊼北京市文物研究所：《北京亦庄X10号地》，科学出版社，2010年，第119页。

㊾北京市文物研究所：《房山南正遗址——拒马河流域战国以降时期遗址发掘报告》，科学出版社，2008年，第190页。

㊿北京市文物研究所：《平谷汉墓》，科学出版社，2011年，第103页。

51北京市文物研究所：《丰台南苑汉墓》，科学出版社，2019年，第160页。

52北京市文物研究所：《丰台南苑汉墓》，科学出版社，2019年，第70页。

53北京市文物研究所：《丰台南苑汉墓》，科学出版社，2019年，第170页。

54北京市文物研究所：《北京亦庄考古发掘报告（2003—2005）》，科学出版社，2009年，第2页。

55北京市文物研究所：《北京亦庄考古发掘报告（2003—2005）》，科学出版社，2009年，第122—129页。

56北京市文物研究所：《北京亦庄考古发掘报告（2003—2005）》，科学出版社，2009年，第116页。

57北京市文物研究所：《北京亦庄考古发掘报告（2003—2005）》，科学出版社，2009年，第135页。

58 73北京市文物研究所：《房山区琉璃河镇立教村西晋、唐、元墓葬发掘简报》，《北京文博》2018年第2辑。

60郑隆：《内蒙古扎赉诺尔古墓群调查记》，《文物》1961年第9期。

61张柏忠：《内蒙古科左中旗六家子鲜卑墓

群》，《考古》1989年第5期。

㊷杜承武、李兴盛：《察右后旗三道湾墓地》，见《内蒙古地区鲜卑墓葬的发现与研究》，科学出版社，2004年，第24页。

㊸锦州市文物考古队：《辽宁锦州市前山十六国时期墓葬的清理》，《考古》1998年第1期。

㊹平朔考古队：《山西朔县秦汉墓发掘简报》，《文物》1987年第6期。

㊺商彤流、董楼平、王金元:《离石马茂庄村汉墓》，《文物季刊》1995年第4期。

㊻魏坚：《内蒙古中南部汉代墓葬》，中国大百科全书出版社，1998年，第230—231、251—252页。

㊼北京市文物研究所：《延庆县王化营魏晋十六国墓葬发掘报告》，《北京考古》（第二辑），北京燕山出版社，2008年。按，该墓为土坑竖穴墓，南北向，从平面图上看墓穴和木棺平面均呈梯形，为鲜卑民族墓葬特点，出土的1件陶罐，短直领，扁圆腹，大平底，具有西晋时期陶罐特征，故墓葬年代当为西晋甚至有可能会晚到十六国时期。这样的墓葬形制也体现了北京地区与北方草原地区文化上的互动。

㊽北京市文物研究所、延庆区文物管理所：《北京市延庆区西屯墓地东区（Ⅱ区）考古发掘简报》，《文物春秋》2018年第3期。

㊾北京市文物研究所：《长沟汉墓》，科学出版社，2019年，第41页。

⑦⓪北京市文物研究所：《丰台南苑汉墓》，科学出版社，2019年，第29页。

⑦①北京市文物研究所：《丰台王佐遗址》，科学出版社，2010年，第15页。

⑦②北京市文物研究所：《北京亦庄X10号地》，科学出版社，2010年，第46页。

⑦⑤⑦⑨北京市文物研究所：《北京延庆大榆树西晋墓发掘简报》，《北京文博文丛》2019年第4辑。

⑦⑥北京市文物研究所、北京市房山区文化和旅游局：《北京市房山区窦店镇东汉至西晋砖椁墓发掘简报》，《北方文物》2021年第4期。

⑦⑦北京市文物研究所：《平谷汉墓》，科学出版社，2011年，第73页。

⑧⓪西安市文物保护考古所：《西安文物精华·陶俑》，世界图书出版公司，2014年，第44页。

⑧②董坤玉：《北京考古史·魏晋南北朝隋唐卷》，上海古籍出版社，2012年，第18页。

⑧③黄吉军：《洛阳春都路西晋墓发掘简报》，《文物》2000年第1期。

⑧④《晋书》卷九十三，中华书局，1974年，第2412页。

（作者单位：北京市文物研究所）

国内博物馆策展人制度理论与实践调查研究①

陈克双

一、策展人概念的引入与中国化

（一）西方语境下“Curator”的概念及变化

“策展人”一词来源于对英文“Curator”的中文翻译。在西方语境下，“Curator”一词的含义并非一成不变，而是随着时代发展和博物馆业务的演变不断有新的内涵。

“Curator”来自拉丁语，基本语义为管理者，看护者。最早用于指代一个文化遗产机构例如档案馆、美术馆、图书馆、博物馆或园囿的负责人，其最基本的职责是负责管理这个机构的收藏，编纂相关的藏品目录和文献，并进行出版。从公元前3世纪博物馆萌芽直到欧洲中世纪，博物馆作为皇族、教会、贵族的私产，固守着原始的收藏职能，在这个过程中“Curator”确立了藏品管理的最基本职能。

14至18世纪，西方各国从封建社会向资本主义社会过渡，现代博物馆产生的各种条件渐趋成熟。文艺复兴、启蒙运动以及近代自然科学的诞生为现代博物馆提供了萌生的土壤，伴随着西方博物馆的发展史，“Curator”作为一种职业，角色也随着博物馆功能的发展而不断演绎，这个职业所承载的涵义也不断拓展，从藏品管理者的最基本职能，到文艺复兴时期的收藏学者，到近代科学诞生和发展中重视研究的博物馆研究员，到现代博物馆中的公众教育者。19世纪末20世纪初期，Curator作为博物馆中藏品管理者、研究者、社会教育者的角色逐渐确立起来，这三种身份的形成并没有明确的先后时间的划分，而是相互交错地融入到博物馆的实务操作之中，随博物馆的发展而相互映射。

20世纪以来，尤其第二次世界大战后，随着科技革命和物质生产的迅速发展，国际博物馆进入了空前繁荣的新时期，博物馆数量激增，博物馆职能范围也不断拓展，博物馆类型层出不穷，Curator相应地在职能和性质上也有所变化。

这个变化发生在艺术类博物馆领域，随着影像等新技术的出现，传统的收藏和陈列的行为远远不能满足新兴的观念艺术、行为艺术等艺术形式的需要，在艺术博物馆或美术馆中，展览展示开始变革。尤其60年代中期以来被称为“巨型展览时代”，其主要的特征是展览的数量、规模、费用与奢华程度极大膨胀，观众数量也急剧增加。在这场变革中，Curator成为关键的领军者。在当代艺术中，Curator是指那些对环境信息很敏感，并能根据周遭变化进行知识生成，可以不断地形成展览理念、主题、概念和形式的策划人。他们除了选择作品之外，还要负责撰写展品标题，编纂图录及文章，完成展览其他辅助内容。在当代艺术领域，这种存在于艺术机构、以策划组织展览为职业特点的Curator大行其道。根据隶属不同，这些策划展览的Curator大致可以划分为机构内常设Curator、独立Curator

（Independent Curator）、兼职Curator（Adjunct Curator）或客座Curator（Guest Curator）等。

机构内常设Curator隶属于博物馆、美术馆。在规模较小的机构中，专门负责购藏和保管藏品，职责包括决定藏品的选购，监控藏品的保护和储存情况，在对藏品研究的基础上，为藏品存放和运输提供建设性的意见，并通过策划展览和编纂出版物而与公众和学术机构分享劳动成果。在以志愿者服务为基础的小型博物馆中，Curator往往是唯一的正式雇员。在规模较大的机构中，Curator主要是专门学科的专家，可以开拓一个领域并且领导一个机构负责此领域的收藏。这种机构可以有多个Curator，每一个Curator负责一个特定收藏领域，如古代艺术Curator（Curator of Ancient Art）。这些Curator在博物馆内成为一个庞大队伍，有的接受一个总Curator（head Curator）的领导。在这样的机构中，由博物馆藏品经理或者保管员（museum collections manager or museum conservator）负责藏品的物理维护，由博物馆登记员（museum registrar）负责文档和管理性事务比如保险和贷款事宜。在某些情况下，Curator可能也就是馆长（Director），亦需负责博物馆的行政管理、资金筹集和社会关系等。

“Independent Curator”，中文译作“独立策展人”或“独立策划人”。20世纪80年代或更早开始在中国香港、台湾等地区及海外华人范围内使用，20世纪90年代开始引入中国大陆艺术界并在近年广为采用。“Independent Curator”特指根据自己独特的学术理念来策划组织艺术展览、但其策展身份不隶属于任何展览场馆的专业人士。他们在身份上不同于在美术馆、博物馆等艺术机构的常设策展人，也有别于由这些艺术机构聘请策划专题展览的客座策展人或兼职策展人，当然更不同于通过组织商业性艺术展览赢利的画廊主（Gallerist）或经纪人（Dealer）。

兼职Curator（Adjunct Curator）或客座Curator（Guest Curator）都是艺术机构为展览需要而聘请的专题展览负责人。另外，在20世纪后期还出现了艺术家自行策划组织展览的，称为艺术家Curator（Artist-Curator）兼策展人。

总之，20世纪60年代以来，随着艺术展览的勃兴，在西方艺术领域，Curator这个职业越来越多被定义为展览的组织策划者。

（二）“Curator”的中文翻译

由于“Curator”一词的涵义本身的不断拓展变化，国内在引入Curator概念时，对Curator的中文翻译出现了困难和争议。

对博物馆中的Curator最早的中文翻译见于1986年，甄朔南在《甄朔南博物馆学文集》中将“Curator”一词译为“研究馆员”，这种称谓与我国现行的博物馆专业技术职务最高一级名称完全一致。甄朔南认为，凡具有研究馆员职称的人，首先必须是某一学科的专家，他们在某一科学领域内是得到国内外公认的造诣较深的科学家。博物馆的研究馆员类似于大学教授、研究机构的研究员，高级工程师或者主任医师等，必须对博物馆馆藏品鉴定、保管与保养，对陈列或展览以及社会教育工作有独到的研究心得与见解。他们是博物馆里的学术带头人，他们要能够把自己的专业与博物馆工作有机地结合，以提高博物馆搜集、收藏、科研和教育工作水平。

进入21世纪后，随着中外博物馆合作交流的项目增多，国外先进博物馆的管理理念也不断地传入中国。2002年国家文物局开展与美国梅隆基金会合作的中国博物馆管理人员赴美培训项目，使更多的博物馆管理者可以有机会亲身参与到美国博物馆的管理之中，带回了新的管理理念。作为首批赴美学习的代表，段勇在深入美国博物馆进行调研和体验的基础上，编写了《当代美国博物馆》一书，对美国博物馆的管理制度进行了深入思考，他在书中阐释了美国博物馆中地位十分重要的职务Curator，是具有较强学术性质的业务研究职务，与我国博物馆界的“研究馆员”大致相似，其职责一般包括管理所属藏品、策划陈列展览、进行学术研究、辅助宣教工作、协助筹款事务等。其中，管理藏品是最原始、最基本的职责，策划展览是最突出的日常工作，同时Curator始终是美国博物馆最主要的学术研究力量。随着美国博物馆越来越强调市场意识，又增加了辅助宣教、协助筹款等职责。经过反复比较并参照我国关于“业务”与“行政”的划分，段勇最终把Curator翻译为“业务主管”，并且指出，在小型博物馆和部分中型博物馆中，业务主管往往就是馆长，在大型博物馆和部分中型博物馆，业务主管常常就是部门主任。

对于Curator的翻译，至今在国内外博物馆界尚没有统一的固定翻译，或翻译为馆长、部门主任、展览研究员、藏品管理员、策展人等。但是可以看出，对Curator的翻译大都是根据其在博物馆中所处的地位和其所具有的职能而用中文对应的概念定位的。

需要注意到的是，目前流行的中文翻译“策展人”是对某些Curator策划展览这一职能的强调，是伴随着近年来中国当代艺术的发展而产生的，在目前中国艺术领域兴起并广泛应用。虽然在艺术展览中，“Curator”反复被提及，通常指代展览的策划人。但显然，在博物馆环境中，这种“策展人”的翻译不能完全涵盖“Curator”一词的概念[②]。但若仅强调博物馆内Curator的策展功能，则“策展人”一词的翻译似更有助于推动藏品研究人员将研究成果形成展览展示，因此在国内博物馆界流行并被普遍接受，但在不同语境讨论时，研究者须注意区分二者概念的差别。

二、国内博物馆借鉴策展人制度的现实需求

国内博物馆对策展人制度的借鉴和探索，源自中国博物馆事业快速发展繁荣带来的现实需求。21世纪特别是党的十八大以来，在党中央、国务院和各级政府、社会各方面的重视和支持下，中国的博物馆事业空前繁荣发展，博物馆数量、观众人数等方面快速增长。根据文化和旅游部数据，1996年至2017年，中国博物馆规模逐年快速增长，1996年仅有1219个，到2017年，博物馆数量达到4721个[③]。据国家统计局数据显示，2006年至2017年，中国博物馆参观人次呈逐年上升趋势，2017年全国文物机构接待观众114773万人次，其中博物馆接待观众97172万人次，增长14.2%，占文物机构接待观众总数的84.7%。

陈列展览是博物馆最重要的产品，也是博物馆开展社会教育和公共服务、实现社会职能的主要载体和手段，在中国博物馆空前发展繁荣的大好局面下，博物馆展览的数量也快速增长。据《中国文化文物统计年鉴》数据显示，2012年至2016年全国博物馆每年举办的展览总数从11885个增长到23109个，数量几乎翻了一番，平均每年展览数量18507个。在2021年5月25日国务院新闻办公室就博物馆改革发展指导意见有关情况举行的新闻发布会上，国家文物局公布的最新数字显示，“十三五”期间，全国备案博物馆由4692家增长至5788家，增幅为23.4%，2020年全国博物馆举办2.9万多个展览，策划22.5万余场教育活动，接待观众5.4亿人次，其中未成年人观众1.3亿人次，“到博物馆去”成为社会新风尚。但在展览数量质量快速提高的同时，博物馆也面临着展览结构不均衡、展览策划能力不足等挑战[④]。

国内各大博物馆对提升博物馆的展览策划能力和相关机制纷纷提出主动诉求。如国家博物馆馆长王春法指出，就文

博事业整体而言，社会公众是需求侧，博物馆就是供给侧，最重要的产品就是各种形式、不同层次的展览展示，每年约9亿人次的观众人群代表了一个庞大的消费需求市场，全国各地仍然“沉睡”在库房禁宫里的大量珍贵文物就是一个巨大的富矿和宝藏，策展能力就是我们的生产能力，藏品和研究则是两个核心要素。要充分满足广大观众的有效需求，就必须夯实文物藏品的研究基础，提升学术研究能力，并在此基础上大幅度提高策展能力[⑤]。湖南省博物馆馆长段晓明认为，中国博物馆的数量急剧增加的同时，中国绝大多数博物馆依然沿用苏联博物馆的“三部一室制”（保管部、陈列部、群工部与办公室），部门分隔、服务水平低下、不重效益、管理不力等问题已暴露出来，由此，中国博物馆界愈来愈多地将目光投向国外先进经验，开始借鉴西方的策展人制度[⑥]。

由于对策展人（Curator）概念的理解差别，国内目前对博物馆策展人制度的理解和探讨深度不一。一种理解下的策展人制度或策展人负责制（Curator负责制），更接近于欧美等西方国家博物馆普遍采用的一种机构运作模式，是一种整个博物馆的管理都建立在策展人基础上的管理制度，在该制度下，以策展人带动博物馆机构各项工作的运转[⑦]。而另一种策展人制度仅指以策展人为核心，通过策展人来策划、组织和实施博物馆展览的制度[⑧]。无论基于何种理解，探索策展人制度有利于博物馆统筹全局、整体协调，打破馆内各部门和机构间工作的隔阂，提高展览等业务工作的效率和质量，从长远来看，有利于博物馆工作的科学性和可持续性发展[⑨]，已成为众多博物馆的共识。2012年12月，国家文物局发布《关于加强博物馆陈列展览工作的意见》，指出要借鉴国内外先进经验，创新运行机制，探索实行策展人制度。

三、国内博物馆探索实践策展人制度的概况

通过对18家国家一级博物馆以及部分文博行业专家的采访调研，结果显示，目前国内博物馆在探索试行策展人制度或策展人模式方面走在前列的国家一级博物馆有中国国家博物馆、南京博物院、广东省博物馆、浙江省博物馆等（表一）。其余大部分未尝试策展人制度的博物馆，多采用项目负责人制，或类似部门负责制的模式来组织实施展览，有些博物馆表示曾考虑推行策展人制度，但目前因为一些现实原因未能实施：

中国国家博物馆改革原有的展览项目负责制，于2018年6月制定了《中国国家博物馆策展人制度实施办法（试行）》，是目前国内唯一明确以策展人制度为标题的内部规章制度，该办法明确了策展人制度的重要地位和指导思想，对策展人的任务、选任、义务、保障、奖励评估机制等都有一系列明文规定。在该制度下，除重要展览指定的策展人外，鼓励馆内符合条件的专业人员积极提出主题明确、内容新颖的展览策划方案，申请成为策展人，由馆务会对申报者提交的策展方案和策展能力进行综合评估，确定符合条件的申报者为策展人。策展人负责完成展览全流程工作，并对馆务会负责。根据馆务会批准的展览主题和展览工作需要，策展人可组建包括文物藏品保管、展览设计、学术研究、文物保护、资产财务、外事联络、新闻传播、信息网络、社会教育、安全保卫、设备管理、文创开发等相关人员在内的策展团队来组织实施展览。策展团队一旦组建完成，馆内其他部门均成为展览保障部门。展览项目结束后一个月内，由第三方评估团队对展览效果进行综合评估，形成评估报告提交馆务会。馆务会根据评估报告决定是否对策展人及其团队予以奖励。伴随着国博目前正在进行的工作格局重塑、业务板块重组步伐，该策展人制度

表一

序号	名单	级别	策展人制度实施概况
01	中国国家博物馆	国家一级博物馆	已有成文策展人制度，正在探索实践
02	故宫博物院	国家一级博物馆	没有策展人制度，实行项目负责人制
03	上海博物馆	国家一级博物馆	没有策展人制度，策展团队合作办展
04	浙江省博物馆	国家一级博物馆	有策展人相关制度
05	浙江省自然博物馆	国家一级博物馆	没有策展人制度
06	天津博物馆	国家一级博物馆	没有策展人制度，实行部门项目负责制
07	广东省博物馆	国家一级博物馆	有策展人相关制度
08	山东博物馆	国家一级博物馆	没有策展人制度，实行类似项目负责制
09	四川博物院	国家一级博物馆	实行项目人制度
10	重庆中国三峡博物馆	国家一级博物馆	实行策展项目制
11	南京博物院	国家一级博物馆	有策展人制度
12	沈阳故宫博物院	国家一级博物馆	没有策展人制度
13	河南博物院	国家一级博物馆	没有策展人制度，实行部门内的项目负责制
14	中国海关博物馆	国家一级博物馆	文件提到策展人制，但实际操作仍然是部门负责制
15	中国美院美术馆	国家一级博物馆	目前还没有策展人制度，希望推动
16	中央美术学院美术馆	国家一级博物馆	正积极探索
17	广东美术馆	国家一级博物馆	没有明确的策展人制度文本，但存在策展人
18	河北博物院	国家一级博物馆	曾考虑过策展人制度，未实施

正在逐步实践完善阶段。

南京博物院制定了《南京博物院展览策划工作规程（拟稿）》，在展览策划规程中对策展人的申报、资质、职能、评估与奖励等进行规定。根据该展览策划规程，所有的研究人员都可以提出展览设想并申请成为某个特展的策展人。研究人员确定展览的主题后，可填写展览策划申报书，经院陈列部和相关领导确认后就成为正式的策展人，并确定相应的工作经费。策展人负责展览的创意和策划、展览主题的确定、展览大纲的编写，如果是大型特展的话，展览大纲完成后需要提交院里组织专家讨论审定；通过审定后策展人便要根据大纲寻找、选定文物、完成内容设计过程中的文字撰写，包括一、二、三级展览文字说明，确定展览图录的编辑出版计划；在内容设计文本中，策展人还必须提出关于社会教育活动项目和内容的建议、文物修复和文物保护环境的具体要求、与展览相匹配的文化创意产品开发的意见建议，以及商借文物的渠道和大致的预算、文物的安全要求、展览推广的具体要求等。在策展过程中由院里召开策展会议，策展会议由院领导召集、主持，院长或分管副院长直接参与，策展人和形式设计、社会教育、文创产品、图书出版、文物保护、文化交流、安全保卫、后勤物业等相关部门的人员参加，讨论确定展览需努力的方向——大型、中型或小型展，偏重艺术还是叙事，并决定社会教育、文创产品、出版图录的形式和规模。策展人根据会议结果完善策展文本，将文本交给陈列部，由后者列入展览计划并组织落实形式设计，社会服务部派专人负责社会教育，文化创意部派专人负责文创产品开发，文化交流科派专人负责展品商借，办公室派专人负责展览宣传推广，文物保护研究所负责展品保护、展厅环境，保卫部负责安全保卫，后勤物业部负责后勤保障，从而协调确保展览一系列工作顺畅进行[10]。南京博物院这种策展人制度已经运行两年左右时间，成功举办了如“法老·王——古埃及文明和中国汉代文明的故事”等热门展览。

广东省博物馆（以下简称粤博）制定了与策展人制度相关的《广东省博物馆

展览工作流程规范》，目前处于探索和建立策展人制度阶段，但已形成独特的策展模式。该模式是对策展体制的一个大胆尝试。从2013年开始，粤博改变了以往的部门策展方式，馆领导不再成为决定展览计划的主体，部门也同样不再是临时展览的申报主体，而是全面推行全馆竞争性选拔展览项目的方式。策展人评选向馆内所有中级职称以上的在职员工开放，策展主题不限，给予策展人最大的策展空间与思想维度。大力鼓励有想法的馆员带着各自的方案参加进来，通过网络与馆内专家组评选，最终进入陈展委员会终审，终审过后的方案就会成为粤博的正式开展项目，经过一系列后续筹备与设计后，成为面向公众的主题临展。策展人负责策展团队的组建，采用开放性的自由组合方式，即馆领导或者部门不再指定团队成员，而是由策展人按照双向选择的原则自主确定设计、宣传、教育活动、多媒体、文创等方面的人员。粤博建立起激励机制，其核心是绩效工资和专业技术岗位聘用制度的确立，每四年一次通过量化评分重新核定全馆专业技术人员的岗位，由于主持和参与原创展览作为工作业绩的重要内容之一，能获取较多的量化评分，从而让更多人愿意将精力投入到展览策划工作中[11]。值得一提的是，为扩大策展人模式对馆外人才的吸引力，2016年7月12日，粤博发布“青花之约——广东省博物馆特展策展人招募计划”，就是向社会公开招募展览策展人的首次尝试，经陈展委员会综合初评，从众多参选者中筛选出五名进入策展人终评评审，最终“幽兰青韵：从科技、文化、贸易看青花瓷——馆藏明清青花瓷器展”团队成为优胜者，并成功举办了展览。

浙江省博物馆目前采取的方法主要是由个人提出展览构思，个人所在的部门协同，提前一年向馆里提出展览计划并申报经费，得到批准后由馆里排出展览档期。一般能够提出策展方案的有历史部、工艺部、陶瓷部、书画部、陈列部、党史部。在展览策划过程中，采取以策展人为主、其他人辅助的形式。策展人主要负责展览内容及展览相关文稿的撰写，另外展览宣教、讲座文创等活动策展人也会参与。

其他未实践策展人制度的博物馆，多不同程度地采用与策展人制度理念类似的项目负责人制，探索出展览工作创新发展的新格局。比如故宫博物院采用项目负责人制，按照《故宫博物院陈列展览管理办法》将展览分类，划分不同的展览责任主体：原状陈列的主要责任部门是宫廷部；专馆专题展览的内容一般由各业务部门独立担任项目负责人，涉及业务部门较多的综合性展览，如果主项突出或所占文物数量多的可由负责该业务的部门领导作为项目负责人，如果主项不明显或所占文物数量均衡，由主管副院长指定一个部门领导作为项目负责人，并由相关部门共同组成筹展组，相关部门有义务配合筹展组的工作；境内展览由文物管理处负责院内外的组织协调，由故宫博物院确定展览项目负责人，负责并指导筹展组开展具体的筹展工作；引进展览由展览部作为项目负责人，负责具体办展事宜：派员前往申办地了解、挑选、确定展品，以利于展览的设计和操作、实施；根据展览场地负责陈列大纲的编写和实施，根据开幕日期负责图片、文字的汇总、图录的编写，直至出版完成，筹展组由展览部或根据需要由展览部和其他相关部门共同组成。上海博物馆的展览分外展内展两大类，外展主要是和国外博物馆合作，展出西方艺术门类器物，这些展览的负责人多为展览部成员，内展则是选取馆内的展品、或国内其他博物馆的展品进行展出，这类展览主要由馆内研究部门（青铜、书画、陶瓷、工艺、考古部）出具展览大纲，由展览部负责接洽具体事宜，少部分则由展览部全权负责。不管是展览部还是其他专业部门的人员，都可根据各自研究领域、意愿等自行申报展览题目或展览大纲，由馆领导决定是否可行，一旦被采纳，就进入展览筹备实施阶段。展览采取展览负责制，负责人由馆领导和部门领导联合指派，也会充分尊重本人意愿，多采用一人跟一展的模式，必要时可邀请部门其他人员加入展览团队，一般一个展览团队的配置人数为：展览部2—3人（3人配置为：一人总统筹+对外联络+文字，一人辅助协调+对内联络+翻译，一人对接保险、运输等），出版部1人（图录排版、部分校对，对接平面设计公司与出版公司），陈列设计部1人（展厅陈列形式设计、平面设计、招投标、对接施工团队与平面设计公司），教育部1人（教育宣传册、周边教育活动、讲座等），展览负责人并不凌驾于整个团队之上，由于每个不同部门的人从各自角度出发都会有不同的见解，互相之间的拉锯、讨论、妥协和沟通被认为很有必要。天津博物馆的策展机制也是隶属于部门的项目负责人制度，曾考虑施行策展人制度，但机制建立未完成，主要困难在于实际工作中策展人很难调动馆内馆际资源。河南博物院现实行部门内的项目负责人制，受限于财务制度，目前对策展人制度处于探索阶段。山东博物馆展览由书画部、典藏部或陈列部提出展览主题，由书画部、典藏部负责展览内容，陈列部负责展厅设计。四川博物院曾于2010年至2012年间实行项目人制度，由项目人向学术委员会发起项目申请，择优通过后，由项目人在全院组织团队，运用经费，展览完成后，有一定指标考核，如人流量、新闻报道量等。2012年后，由于财务制度修改，实行绩效工资，项目人制度废止，由部门负责展览项目。重庆中国三峡博物馆施行策展项目制，通过全馆征集和陈列展览委员会统筹安排这两种方式确定年度展览计划项目，上报馆长会议通过，展览实施过程中参考湖南省博和广东省博的经验，考虑到需要跨部门合作，每个项目通常由一位副馆长作为策展项目人，由陈列展览委员会和办公室统筹，具体任务由内容设计组、展陈设计组等完成。

四、国内博物馆建立策展人制度面临的主要问题

尽管欧美博物馆的策展人制（策展人负责制）已被普遍证实在博物馆管理上先进有效，但由于中外国情、体制、博物馆历史等基本情况有很大差别，中国的博物馆无法简单套用西方的策展人制度，即便是在部分借鉴的过程中，也总是产生很多问题和阻碍，这也是中国博物馆界倡导策展人制度很多年，但尚未建立起较成熟策展人制度的原因。这些问题归纳起来，主要有以下几个方面。

（一）国内博物馆现有管理体制带来的不便

由于历史原因，国内大部分博物馆的机构设置依然沿用苏联博物馆的“三部一室制”，保管部、陈列部、群工部与办公室是博物馆的基本部门架构，“这种苏联模式的缺点，主要是强调行政领导的作用。而欧美博物馆的体制，较多地强调专家的作用”[⑫]。西方策展人制度的理念要求以对某个学术领域有研究的“人”为核心而组建管理机制并带动工作运行，并且与西方博物馆普遍采用的“理事会领导下的馆长负责制”等管理体制相配套，得以最大限度地赋予策展人更多管理权和支配权。而国内博物馆现有管理体制多是在馆长领导下，以部门为单位进行工作分配，不同部门各有自己的行政建制，部门负责人对部门各项事务负责，这就不可避免要与策展人在涉及馆际决策以及各部门职责范围的事务方面产生职责交叉或权力冲突，导致策展人无法顺畅地行使权力、调配人财物等资源。

通过对国内博物馆策展实践的调研走访来看，这种现有体制带来的不便集中表现在藏品、人事和财务等方面。国内博物馆的藏品多归藏品保管部门，保管部门肩负文物安全的重大责任，相对不愿其他人员过多接触文物。而在目前多数博物馆策展人制度的实践中，策展人可以来自不

同部门，并不一定来自文物保管部门，策展人调看藏品困难，或无法长时间研究藏品的现象比较普遍。“尽管改革者一再试图向研究人员（更遑论公众）开放库房，但其中所隐藏的文物安全等方面的风险，博物馆馆长个人难以背负。加之部分保守的保管人员希望继续封锁资料、垄断资源，会人为制造一些樊篱，使得大部分博物馆的研究人员至今也未能‘自由’接触藏品。研究人员使用藏品是策展人制度建立的前提，脱离了藏品的研究和策划，策展人工作只能沦为‘无米之炊’。”[13]在人事方面，中国的博物馆属于国家文化事业单位，博物馆正式员工多为事业单位编制，岗位较固定，薪酬由人事部门根据国家相关规定采用工资形式发放，与专业技术职称挂钩，而策展人并不属于专业技术职称等级序列，很多博物馆的策展工作往往也不是策展人的本职岗位工作，策展成果难以在本职工作之外得到体现，多付出的劳动难以在薪酬上得到体现；同时这种人事制度下，策展人往往无权自由调配人员岗位，灵活组建自己的展览团队，使策展人制度原本的优势难以体现。财务方面，各地博物馆都有比较严格的财务制度，预算多以部门为单位上报和执行，大项支出由主管馆领导审批，而博物馆的展览一般花费较大，策展人一方面要主导展览的内容、设计、文创等内容和方向，把控展览的最终效果和质量，对最后的展览结果负责，另一方面对展览资金的使用却无决定权，展览预算和支出等需要经由相关部门审核报销，在财务流程上需要花费大量时间和精力。

（二）**策展人才队伍短缺问题**

在西方策展人（Curator）制度下，策展人被认为决定着博物馆的命脉和成败关键[14]，策展人贯穿博物馆的收藏、展览、研究、教育等行为，支撑着整个博物馆系统的运转。西方策展人作为职业经过几百年的发展，发展至今天，要求不仅在专业领域上有深入研究，还需有“百科全书式”的知识储备[15]，从策展实际来看，策展人除了必备基于学术素养基础上的敏锐洞察力外，还需具备决策、组织、沟通、激励等管理能力。这种高素质专业化复合型人才往往需要长期的培养和职位锻炼，西方策展人的专业多为艺术史或与馆藏相关的领域，学历均要求硕士及以上（一般为博士），职业道路通常都经历过从馆藏基础研究到策展人助理、副策展人再至策展人的过程。

国内大部分博物馆在相当长的一段时期里，主要依靠馆内的业务部门（多为陈列部、展览部）组织和实施展览，展览在整体策划上着力较少，临时展览虽然很多，但原创精品展览不多；与此同时，藏品保管员或文物研究方面的专家多研究器物本身，很少主动从展览视角审视和研究文物价值，较少参与博物馆的展览策划等展览活动。所以造成研究和展览脱节，展览人才接触馆藏文物资源有限，藏品研究人才不熟悉展览语言、展览设计、展览流程等，展览相关宣传教育、文创开发等环节更是无从谈起。除了自身专业领域能与展览相结合的策展人才短缺外，多数博物馆在高复合型策展人才方面更是捉襟见肘。如云南省博物馆馆长马文斗说，“从目前大多数国内博物馆的机构设置和人员安排来看，从事博物馆工作的业务人员大都是历史、考古等专业出身，要想成为策展人，多方面的知识积累和多种能力的培养必不可少。”[16]

（三）**跨馆际资源共享难问题**

原创大型展览的策展，往往需要跨馆际的交流合作，除了策展人的强大协调和公关能力，馆际间文物资源、人才资源等的开放共享也是重要前提。伴随着近年来我国博物馆的快速发展，观众对博物馆陈列展览的质量提出了更高要求，跨馆际的策展能弥补独自办展在馆藏文物和人才等资源方面的短板和不足，往往因鲜明的主题、精致的展品、独特的视角和新颖多样化的展陈设计而获得观众的广泛关注和好评。因此，博物馆之间，以及博物馆与考古院所等单位联合办展的需求和实践也越来越多。如西北五省的“大西北遗珍——丝绸之路联展”系列，首都博物馆与中国社会科学院考古研究所和河南博物院联办的“纪念殷墟妇好墓考古发掘四十周年特展”、与西藏博物馆合作推出的“天路文华——西藏历史文化展”等热门展览，均取得了良好的社会反响。但目前这种方式多是大馆间的“强强联合”，一些中小型博物馆或地方博物馆很难得到机会，如山东博物馆副馆长杨波所说，“一些新颖独到的展览仅靠一馆之力难以实现，常常需要国内多家博物馆及相关文化机构的支持，引进外展甚至需要国外博物馆的资源配合。就目前来说，国内大多数博物馆很难有条件实现这种联合，比如山东博物馆，目前还没有外展”。[17]同时，由于历史和体制等各种原因，跨文化机构间的文物资源也难以共享。“全国各地有上百万件珍贵出土文物长期积压在各级各类考古发掘单位，文物资源闲置情况严重”[18]，却不能得到有效整合利用，进行展览展示。

五、对国内博物馆发展策展人制度的思考

（一）在博物馆自身机制体制改革创新的同时需要更高层面的制度设计

为更好地发挥策展人制度的优势，很多博物馆都进行了博物馆机制体制的改革，但着力方向和力度深浅不一。从目前来看，国内在策展人制度理论和实践探索方面走在前列的博物馆，大多是在尊重现有国情和文化管理体制基础上，通过博物馆内的机制体制改革或创新，在制度上赋予策展人以“临时总指挥”的权力保障。但策展人多不是固定职位，其人事关系也多保持不变。这样做的优点在于实践中的阻力较小，可操作性强，有利于在不触动更高级体制改革的前提下快速发挥策展人制度在提高展览质量和效益方面的优势。这种博物馆自发的机制体制改革很多已经运用到实践中，积累了一定的经验，也遇到了不少实际问题。

从西方博物馆策展人制度的经验和长远发展来看，策展人应该是博物馆中的一个重要固定职位。因此在更高级的层面进行制度设计，通过深入的理论研究和实践，将策展人职务固化，在职称体系基础上建立对策展人资格的认证，使策展人成为一个拥有相对稳定头衔、职责和配套权力的长期职业，有利于理顺策展人在现有博物馆体制内的人事关系，规范策展人权责，使策展人更加“名副其实”，同时有利于今后策展人才队伍的系统培养和壮大，也能为博物馆面向社会招纳策展人才提供参照标准。

（二）建立全国性的博物馆策展人才培养机制

基于对策展人能力的高要求，国外对策展人才的培养往往是一个较长的过程，而我国的策展人制度处于起步探索阶段，对策展人才的培养更是迫在眉睫。目前国内对策展人才的培养，主要是博物馆的自发行为，多基于策展的现实需求，通过内部的实践锻炼或举办培训等方式进行策展人才培养，而面向更为广大的全国人才资源的培养机制尚未建立。若能在建立博物馆策展人资格认证的同时，建立起与之相匹配的面向全国高等教育机构的策展人才培养机制，并不断根据时代需要进行修正，将有利于策展人才源源不断产生，从根本上解决博物馆策展人才短缺的问题。

这一点可以借鉴日本“学艺员”制度中的经验。面对欧美的策展人制度，日本早在20世纪50年代就建立了自己的学艺员（日语中写作“学芸員”，英文译为Curator）制度。从1951年日本的《博物馆法》对日本学艺员制度作官方阐释以来，到今天博物馆界出现的新趋势，日本学艺员制度中对学艺员的培养要求也随着时代发展不断变化。在《博物馆法》颁布最初，学艺员需要在大学本科阶段进行培

养，但是随着时代的发展以及日本教育振兴、文化艺术振兴政策的出台，学艺员也在不断面对国际交流的复杂情况下，被赋予更高的专业度的要求。大学本科阶段的学习，已不能够单纯作为学艺员准入标准。在“大学院”（研究生阶段）的学习培养，已经是普遍要求。在学习内容、考察内容及专业考试认定上，最开始学艺员培养是5个课程、10个单位学分的要求，到今天，已经发展到9个课程、19个单位学分的要求。由于实际操作中，学艺员的操作技术能力是工作的重点，因此，日本的学艺员培养越来越重视实习机构与教育配合问题。2009年日本文部科学省颁布了《博物馆实习指导流程》，对大学培养学艺员的课程中的实习内容进行规范的同时，要求学艺员的实践经验和能力，是大学高等教育和博物馆机构实习共同承担完成的，博物馆内的学艺员同时需要在实习课程中担任核心指导教师[19]。

目前国内一些大馆如国家博物馆、故宫博物院、南京博物院、浙江省博物馆、广东省博物馆等都重视加强博物馆与高等院校、科研院所间的人才合作和交流，对国内策展人才的培养与发展大有裨益。但与日本学艺员的培养制度对比来看，尚缺乏专门针对策展人的课程设置、学分要求、实习指导等规范，这与我国策展人尚未成为资格认证的职业有关，也与高校博物馆专业课程设置现状等有关，有待各方机构共同研究解决。

（三）建立健全跨馆际资源交流合作机制

不解决跨馆际资源共享难问题，策展人有再好的策划主题也将面临无米之炊的困境，加强跨馆际间的资源共享和合作，尤其是营造博物馆间良性的文物交流大环境，将有利于国内策展人制度发挥出应有优势，策划出更多符合时代和观众要求的、主题鲜明的、能充分反映中华优秀传统文化、革命文化、社会主义先进文化内涵的精品展览。

2012年12月国家文物局曾发布《关于加强博物馆陈列展览工作的意见》，明确指出：“促进馆际交流与合作，支持省级博物馆特别是中央地方共建国家级博物馆发挥示范引领和辐射带动作用，整合区域藏品、展览、人才、技术、资金等资源，策划优秀展览项目巡回展出，弥补中、小型博物馆的展览资源不足的缺陷。”为文物馆际互借和资源共享困局破冰支招。国家博物馆馆长王春法提出“跳出博物馆来看博物馆，建立健全馆际文物交流合作机制，促进博物馆藏品借展和重要展览巡展常态化制度化，让文物通过馆际合作和精品展览活起来，真正做到常展常新，按照《文物保护法》规定，积极探索馆藏文物依法交换与合法流动，盘活全国文物资源。”[20]“不求所藏，但求所展”为馆际文物交流合作指出了新思路和新方法，国家博物馆积极与各地博物馆、考古院所等机构签订合作协议，已与多家单位合作举办了如“江口沉银——四川彭山江口古战场遗址考古成果展”“古蜀华章——四川古代文物菁华”“礼出东方——山东焦家遗址考古发现展”“大唐风华”等一系列展览，开创了合作办展工作的新局面，为馆际间文物的交流合作树立了良好的示范效应。

总之，在中国的博物馆事业空前繁荣发展的今天，借鉴自西方的策展人制度，在博物馆管理和策展机制方面有着先进优势和现实需求，在中国博物馆界引发了热议。国内博物馆通过积极的理论和实践研究，结合中国国情和实际情况，正努力探索走出适合自己的策展道路。在各方的共同努力下，并有待进一步的全局统筹，中国博物馆将正式迈入策展时代。

---

①本文曾获“全国文化和旅游系统2019年度二十佳调研报告”，根据近两年最新数据，本篇文字有适当调整。

②以上参考卫艳《论美国博物馆中“Curator负责制”——以方闻时期的纽约大都会艺术博物馆亚洲艺术部为例》一文对策展人概念的梳理，并参考甄朔南《甄朔南博物馆学文集》、段勇《当代美国博物馆》《中国大百科全书·文物 博物馆》、苏东海《博物馆的沉思：苏东海论文选》、[英]阿德里安•乔治《策展人手册》等书的相关内容。

③另据国家文物局公布数据显示，截至2016年底，全国经各地文物部门年检注册的博物馆总数达4873家。

④⑳王春法主编：《中国博物馆发展研究报告（2018）》第三章“中国博物馆展览结构与展陈创新”。

⑤⑬王春法：《关于新时代博物馆事业发展的若干思考》，《中国国家博物馆馆刊》2018年第5期。

⑥⑦段晓明：《中国博物馆策展人制度本土化的历程与发展》，《东南文化》2018年第5期。

⑧胡锐韬：《试论新型博物馆策展人制度的建设——以广东省博物馆的展览项目主持人实践为例》，《中国博物馆》2015年第4期；孙珂：《关于中国博物馆推行“策展人制度”的思考》，《中国博物馆通讯》2015年第3期等。

⑨张露胜：《构建可持续发展的博物馆策展人制度》，《中国博物馆协会博物馆学专业委员会2015年“致力于社会可持续发展的博物馆”学术研讨会论文集》。

⑩龚良、毛颖：《中国博物馆大型原创性特展之展览策划——以南京博物院为例专访龚良院长》，《东南文化》2016年第6期。

⑪魏峻、毛颖：《中国博物馆大型原创性特展工作的创新理念与探索实践——以广东省博物馆为例专访魏峻馆长》，《东南文化》2017年第6期。

⑫马承源：《上海博物馆工作汇报提纲》，《中国博物馆》1991年第3期。

⑭卫艳：《论美国博物馆中“Curator负责制”——以方闻时期的纽约大都会艺术博物馆亚洲艺术部为例》，中央美术学院2009届硕士学位论文。

⑮张婉真：《博物馆研究员的过去、现在与未来：关于其工作性质与养成教育的发展历程与趋势》，《博物馆学季刊》2006年第3期。

⑯⑰王立元：《“策展”时代，中国博物馆还缺什么》，《中国文化报》2013年1月22日第2版。

⑱《王春法委员：盘活文物资源 展示中华文化的整体性系统性》，新华网，2018年3月5日，http://www.xinhuanet.com/2018-03/05/c_1122490125.htm。

⑲迟昭：《日本美术博物馆学艺员制度研究》，中央美术学院2017届硕士学位论文。

（作者单位：中国国家博物馆）

北京市大葆台西汉墓博物馆教育学课程设计的研究与实施

潘　婵

教育是当代博物馆服务于社会发展的核心内容，博物馆是社会教育的特殊资源和重要阵地，社会教育是博物馆不可推卸的责任和使命。北京市大葆台西汉墓博物馆特色课程与综合实践活动基于对受众的心理特点分析、认知分析，积极探索观众与博物馆紧密联系的契合点，达到了博物馆教育者与受教者的“双赢”，广受社会的关注与好评。我馆的博物馆特色课程是博物馆学与教育学交叉的产物，其教学内容落脚于中华优秀传统文化，根植于中华优秀传统技艺的大国工匠品质与工匠精神，回归于守护民族的文化血脉、守护文物、守护我们的精神家园。

一、课程设计与实施的背景

习近平总书记指出，“一个博物院就是一所大学校”，“博物馆是保护和传承人类文明的重要殿堂，是连接过去、现在、未来的桥梁，在促进世界文明交流互鉴方面具有特殊作用”。

为深入贯彻落实习近平总书记重要指示，以及中共中央、国务院《新时代爱国主义教育实施纲要》，中办、国办《关于实施中华优秀传统文化传承发展工程的意见》，国家文物局、教育部《关于加强文教结合、完善博物馆青少年教育功能的指导意见》等精神，北京市大葆台西汉墓博物馆积极履行社会责任，推动博物馆教育资源的有效利用，以中华优秀传统文化教育为核心，服务教育、服务社会，向广大青少年及社区居民普及历史文化知识，让历史说话、让文物说话，取得了良好的社会效果。

西汉墓博物馆特色课程与综合实践活动基于对受众的心理特点分析、认知分析，积极探索观众与博物馆紧密联系的契合点，不仅是博物馆学与教育学交叉的产物，还兼具博物馆美育课程的性质。在实施博物馆教育课程的同时，我们也致力于博物馆美育的传播和教学研究，将教学内容落脚于中华优秀传统文化上，根据受众的身心特点、年龄层次、接受能力自主研发。目前已开发的美育课程包括：探访新中国考古史上发现的第一座“黄肠题凑”墓、北京中轴线建筑艺术研究、投壶体验、竹简书法、活字印刷、射箭体验、模拟考古、古法造纸等。我馆的美育特色课程还为中小学开展综合实践活动，坚定学生的民族自信、文化自信和培养爱国情怀提供了重要活动平台，实现了学校教育与博物馆教育、学校美育与博物馆美育的有效衔接。

基于博物馆学语境下探索博物馆教育学实践的逻辑前提，同时结合我馆作为遗址类博物馆的特点及优势，笔者以我馆课程系列中的“探访新中国考古史上发现的第一座‘黄肠题凑’墓”为例展开详细论述，以教育教学实践印证“一个博物院就是一所大学校”的内在精神。

二、大葆台西汉墓博物馆教育直播项目的设计逻辑和教学结构

2020年7月16日，北京市大葆台西汉墓博物馆举办了“新中国发现的第一座西汉黄肠题凑墓”博物馆线上直播活动。笔者作为直播教育者之一，策划了此次项目的结构框架、问题链、教学目标、教学重点与难点、教学方法、教学过程等。以线下观众的角度，预判可能会出现的项目学习重点与难点，基于此，确定需要层层渗透的教学知识点、专业术语及方法，以问题导向逐步地深度提问，提问的过程既是帮助线下观众厘清知识盲点的过程，也是激发观众对讲解内容感兴趣的手段，始终围绕以观众为核心，设计教学内容。

第一，站在线下观众的角度，分析其观看与学习心理。

从教育心理学的角度来说，我馆作为遗址类博物馆，很多观众对我馆怀有好奇之心，尤其在我馆因改扩建暂时不对外开放期间，观众因无法现场观览而强化了一探究竟的心理。因此，基于线下观众可能出现的心理现状，明确了教学内容要保证神秘性，抓住线下观众的好奇心，借助观众的探索欲，用层层深入法实施教学内容。针对我馆的遗址内容优势，我们把观众可能最感兴趣的墓室的前室与后室，通过问题链的教学手段放在直播的后半段，旨在保证观众学习的热情始终在线。

第二，基于对线下观众的心理分析，划分受众类型，预判学习重点与难点。

基于直播项目的内容，此次直播活动的线下观众大致可分为：博物馆业内人士、非博物馆业内但业余喜欢并有一定基础的人士、对古代墓室充满好奇之心的人士、对此次直播主题中的“黄肠题凑墓”因不解而观看的人士。有鉴于此，我们确定了直播内容的重点和难点：首先是线下不同类型受众的学习重点与难点；其次，对业内人士和有一定基础的爱好者来说，直播内容必须具备一定的专业性；再次，直播内容如何保证兼具专业性与普适性，直播时如何保证传播方式在专业深度、专业广度、趣味性上自由转换。笔者作为直播教育者之一，厘清直播项目内容的重点、难点，也是对本人专业能力与学习能力的挑战与提升。因此，教学重点是黄肠题凑墓的特点与文化内涵，教学难点是新中国发现的第一座西汉黄肠题凑墓在中国考古学史上的重大意义。

第三，根据线下观众的观看心理与教学重、难点分析，确定教学目标。

首先，从知识与技能的角度来说，了解北京市大葆台西汉墓博物馆的历史背景，知道西汉墓遗址的墓主人，探索车马坑、外回廊、动物遗骸等，深度学习黄肠题凑墓的葬制与文化内涵、棺椁制度、墓室结构（图一）；其次，从过程和方法来说，通过问题链与递进式教学方法，在直播教育者提问、描述、分析、比较等方式中，利用主题探究和对比探究，感受新中国发现的第一座西汉黄肠题凑墓的考古学意义；最后，从情感、态度与价值观的角度来说，通过线上观看博物馆工作者的直播教学，感受大葆台西汉墓遗址的丰富性

图一 “黄肠题凑”基本形制

与美学成就，感受汉代作为曾经辉煌时代的历史见证，思考文物工作者的艰辛，了解文物保护的意义与价值，激发对考古学和博物馆学的热爱之情。

第四，基于教学重点与难点、教学目标，借助问题链，确定教学过程思维导图。

1. 直播项目开篇导入。介绍本次直播的背景后，直奔主题，点明北京市大葆台西汉墓博物馆是新中国发现的第一座西汉黄肠题凑墓。直播镜头用以检查网络是否通畅，是否能听到声音。

2. 创设情境，设计问题，切换身份，角色代入，提出问题，首次发问。笔者从线下观众的角度出发，以观众为中心，设计首问：为什么叫大葆台西汉墓博物馆？背后有哪些故事？

3. 根据线下观众观看学段的注意力特点的分析，为预防其听觉疲劳，基于历史背景，继续深入提问：当时发掘的情况是什么样的？鉴于历史背景较为翔实和严谨，为了保证观众在线下的集中注意力和凝聚力，创设情景让观众有时刻参与的效果，观众可以随时在线上留言提问。但直播的节奏不因受众提问的发散性而受影响。

4. 强化学习重点，直指问题。根据发掘情况，引导观众靠近本次直播项目的教学核心：为什么现在只剩下一座墓了？此时，观众基于对墓室历史背景与挖掘情况的了解，跟随线上工作者，逐步走近墓室。

5. 紧扣核心，探索墓室主人究竟是谁。在线上参观墓室之前，进一步了解墓主人的生平及故事：墓主人是谁？开场镜头以全景式面向直播者。

6. 环环相扣，根据线上直播的特点，抓住观众的探索欲，创设并保留实时情景，一探究竟，一睹为快。此环节的设计中，为了保护文物的安全，专门向观众保留了直播工作者下墓室时穿好专用鞋套、戴好专用手套的环节，增强了线上直播项目活动的鲜活性，强调文物安全的常态化，文物工作者以身作则，使观众实时感受文物保护的重要性：何时可以进入墓室？镜头指向：鞋套特写→上移至戴手套动作→左转下楼梯→下到第四层台阶位置示意另一老师下楼→楼梯中部停顿→楼梯处转镜头拍摄楼梯阴影→示意继续下楼拍摄脚步下楼特写。同时镜头指向：外回廊→车马坑左门处→直播镜头。

7. 设计路线，依据方向，介绍车马坑。设计此环节教学内容时，为了知识传播的有效性、保证相关内容的深度与广度，秉承深入浅出、趣味性原则及专业性、普适性原则，设计问题：当时的车轮是什么颜色的？镜头指向：车马坑全景→线图→3D图→1号车、2号车拉近景。

8. 根据方位，沿外回廊继续探索，广度传播，深度感受。沿着外回廊向前探索，继续发问：外回廊一般有什么用？镜头指向：后退至甬道处→介绍甬道回廊镜

图二 甬道内呈现的黄肠题凑规格

头→左转镜头进入外回廊。

9. 跟随情景，增加细节，实时激发观众的好奇心。根据实时情景，追问：怎么会有这么多动物遗骸？镜头指向：外回廊左转全景→遗骸全景→遗骸左至右近景→头部牙齿处特写→起身回头路。

10. 回到甬道，学习教学内容重难点。此环节内容借助一定的摄像角度，展示黄肠题凑的规格（图二）：黄肠题凑代表什么？镜头指向：直播全景→黄肠题凑全景→黄肠题凑近景→木头长度宽度特写→黄肠题凑全景。根据内容设计，介绍“鎏金铜铺首”，镜头指向：题凑镜头后拉→门特写→铺首特写，由上至下。穿过大门，根据直播项目框架内容的整体设计，保留最为核心的墓室的前室和后室不出镜，镜头指向：铺首处后退穿过门→内回廊黄肠题凑全景近景→至倒塌的黄肠题凑处。

11. 层层深入，深化教学重点，解决教学难点，阐明黄肠题凑墓的价值与意义。通过镜头展示完整倒在一边的黄肠题凑，告知受众这座木结构的墓葬曾经发生坍塌，说明这是当年发掘现场的原样保存，为今天的复原提供了依据。借助原样保存，深度提问：黄肠题凑到底是什么？镜头指向：倒塌黄肠题凑处西北角转身全景→向前移动镜头，直播者从身后到黄肠题凑处找点位站好→转身给全景。此处重点阐述大葆台一号汉墓黄肠题凑实物的发现是我国首例，在中国考古学史上有重要意义。镜头指向：黄肠木近景，并用手电照明。根据设计，介绍内回廊，镜头指向：从倒塌黄肠题凑处后退→回廊全景→立柱处转身后退至棺椁西侧。

12. 基于铺垫，直指核心。在线上观众深入了解黄肠题凑的基础上，继续探索部分观众最感兴趣的学习内容：前室与后室指的是什么？镜头指向：棺椁西侧拍前室全景，地坑前侧→镜头随设计教授内容移动→绕榻→榻特写。

图三 复原的墓室顶部结构

13. 基于汉代“事死如事生”的殡葬观念，提出专有名词的相关提问：棺椁指的是什么？镜头指向：榻中央部分起身拍棺椁全景→按照设计内容做细节镜头特写，点位在棺椁东侧，镜头西侧→顺序从西侧绕至东侧。

14. 基于专业深度，建造细节，解决学习难点，回归整体视角：指向上方的封土和地面的地坑，并提问这是什么？此内容旨在通过教学重点的深度阐述与讲解、教学难点层层攻破并强化，回归到博物馆学语境中教学目标的整体性上，以及博物馆学、考古学语境中的教学内容设计上，即引导线上观众全方位多角度地了解封土，镜头指向：棺椁东侧后退至前室中央→镜头向上夯土全景→放大镜头细节。通过展示考古工作者复原的模型使线上受众了解墓室的顶部构造（图三），介绍当年勘测人员因最先发现这些密封材料，才发现了今天直播镜头中的大葆台西汉墓。引导线上观众观看另一个模型，介绍大葆台西汉墓的底部也有木炭层防潮。整个墓室的地板下面，还有一些与地板铺设方向相垂直的龙骨12条。镜头指向：镜头恢复水平→后退至地坑处→地坑全景→地坑细节镜头。

15. 基于专业性和普适性深度解析、阐明意义，总结本次直播活动的意义，也是情感、态度和价值观教学目标的重要组成部分。此教学环节落脚于通过项目活动本体，希望线上观众在看历史的过程中、在听历史人物故事的过程中，思考民族的文化血脉的价值，守护文物，守护我们的精神家园。

第五，根据教学过程，确定点位。

点位服务于教学目标，具体包括：点位1. 北京市大葆台西汉墓楼梯处，进行教学导入，介绍大葆台汉墓发掘概况，引入墓主人的生平及故事；点位2. 车马坑处，此处的主要教学环节有介绍车马坑和安车，以及安车涉及的历史故事；点位3. 动物遗骸处，此处的主要教学内容是介绍陪葬的动物；点位4. 黄肠题凑与题凑大门夹角处，用以介绍黄肠题凑墓的葬制及铺首；点位5. 倒塌的黄肠题凑处，用以说明当年发掘现场的原样保存及这座木结构的墓葬曾经发生了坍塌，强化黄肠题凑的特点；点位6. 前室与后室处，介绍天子之制和事死如事生的殡葬观念；点位7. 棺椁处，重点介绍棺椁制度；点位8. 封土处，用以介绍白膏泥保护层；点位9. 地坑处，通过展示模型介绍底部也有木炭层防潮及12条龙骨；点位10. 墓室西侧全景处，此处教学内容为总结与升华。

三、结语

新中国发现的第一座西汉“黄肠题凑”墓——北京市大葆台西汉墓博物馆教育直播项目是当今科学发展综合化、博物馆学与教育学学科间交叉渗透趋势加强背景下的有力实践，此次直播项目活动不仅通过网络向观众介绍遗址，更利用直播平台与观众进行面对面的交流，博物馆的文化资源展示突破了时空的限制。活动收到了广大线上受众的好评，是北京市大葆台西汉墓博物馆作为遗址类博物馆以网络展示与表达自己、以网络作为博物馆传播媒介的又一次尝试。充分发挥遗址类博物馆的特点与优势，使在博物馆里的文物、陈列在广阔大地上的遗产“活”起来，北京市大葆台西汉墓博物馆一直在行动。

（作者单位：北京市大葆台西汉墓博物馆）

首都博物馆馆藏青铜器科技与传统融合保护修复浅述

高新峰

为落实国家文物局《关于发布〈可移动文物修复管理办法〉的通知》（文物博发〔2014〕25号）、《北京市文物局关于进一步加强可移动文物修复管理工作的通知》（京文物〔2015〕1234号）等有关文件要求，充分发挥首都博物馆“北京文博文物科技保护研究与运用北京市重点实验室”和传统修复工艺人才的作用，2016年，首都博物馆制定馆藏文物主动保护修复计划，共完成包括书画、纺织品、青铜器、陶瓷等馆藏28件文物的前期调研、拍照、取样、检测、病害分析和修复保护技术方案制定、论证、完善等工作，进一步强化了科学技术与传统工艺相融合的保护修复理念，推进了首都博物馆可移动文物保护修复的科学化、规范化、标准化管理进程。

本文重点对其中的八件青铜器文物保护修复实践作以浅述，请文物保护修复专家指正。

一、文物概况及基本信息

北京位于华北大平原北端，地处四方交通要冲，具有极为重要的战略地位，历来为兵家必争之地。在先秦时代，周围既有诸侯大国为邻，又有戎狄部族交错杂处，成为南北文化交流的枢纽地区和民族融合的中心舞台。因此，在北京地区遗留下来的珍贵文物较多，其中青铜器从商代到战国，后乃至宋、元都有出土，如平谷刘家河、房山琉璃河两处出土的青铜器都非常有代表性，这些青铜器大多收藏于首都博物馆。2005年12月首都博物馆新馆试运行之前，为了满足开馆展览需要，保护修复了一部分残损、锈蚀比较严重的青铜器。2016年，为抢救受有害锈腐蚀并亟须修复的部分青铜器，首都博物馆通过现代科技与传统工艺融合的方式，对馆藏饕餮纹四出戟方鼎等八件青铜文物开展了主动保护修复工作。

此次保护修复的饕餮纹四出戟方鼎等八件青铜器文物，造型精美、内容丰富，具备较高的艺术价值、历史价值。其中兽面纹斝做工精美、造型独特、纹饰清晰，在传世文物中实属罕见。另外一件兽面腰花铜鼎出土于房山琉璃河遗址，和伯矩鬲属于同时代器物，该器物虽整体破损、表面锈蚀较为严重，但器型少见，色泽丰富，对研究北京历史、西周时期青铜器工艺及文化来说，仍不失为一件难得的参照器物。

这批青铜器保护修复前存在的主要问题是破损、残缺、青铜基体腐蚀严重（表一），且饕餮纹四出戟方鼎局部有浅绿色粉状有害锈，急需抢救性保护与修复。

二、科学检测分析

根据八件青铜文物残破、锈蚀物状况，取用残片进行科学分析。方法为：采用三维视频显微镜观察表面锈蚀物；使用X射线荧光能谱仪进行元素成分的定性及

表一　文物信息及修复前状况

文物名称	年代/尺寸	完残情况	修复前照片
蕉叶出戟觚	商 高27.6厘米，直径17.1厘米	底足有伤缺，周身锈蚀较多	
月宫仙人菱花镜	唐 直径14.9厘米，厚0.7厘米	原修复处开裂，裂成三部分，表面锈蚀较多	
饕餮纹四出戟方鼎	元 高23.4厘米，长29厘米，宽20厘米	四足中一足脱落，一足有残损	
残铜豆	战国 高38厘米，直径20厘米	残缺严重，下部底足处断为四部分	
铜剑	战国 长31.6厘米	残断为三截	
三象足熏炉	清 高38.2厘米，直径17.5厘米，加两耳直径26厘米	一耳掉落变形	
兽面腰花铜鼎	西周 高26.2厘米，直径21.5厘米	器物整体残损严重，破损两部分，表面锈蚀较多	
兽面纹斝	商 高38厘米，直径21.2厘米	整体残损严重，一足脱落，口沿部位残损成三部分	

图一 兽面腰花铜鼎（显微观察）

半定量分析，分析青铜器本体的矿化程度；使用X射线衍射仪对锈蚀物进行物相分析，了解锈蚀产物的种类。

（一）表面结构观察

通过三维视频显微镜观察器物表面形态分析可知，所有锈蚀样品结构疏松，分布有不均匀的绿色、蓝色和白色锈蚀物。其中兽面腰花铜鼎为多种物质混合在一起形成的层状锈蚀和表面硬结物，部分饕餮纹饰里有黑色填充物，未见有害锈（图一）。

（二）化学组成分析

X射线荧光能谱仪分析在文物保护和考古研究中应用广泛，可对青铜合金中的多种元素进行定性、半定量分析。[①]通过X射线荧光分析表明：这批文物本体主要由铜、锡、铅组成，化学成分与各文物同时期同类器物成分相近（图二）。除残铜豆外，其余七件文物矿化不严重，均有铜体，在修复时可采用锡焊接的方式。月宫仙人菱花镜取样部位可能曾经修复过，并使用了现代修复材料，含铬、锌、钡等元素。

（三）锈蚀物分析

对八件文物表面锈蚀取样，利用X射线衍射仪进行测试，分析结果显示：蓝色锈蚀为蓝铜矿，绿色锈蚀为孔雀石，白色锈蚀为二氧化硅和二氧化锡的混合物。兽面腰花铜鼎中黑色填充物主要成分为碳元素，可能是烟墨或炭黑，起到装饰青铜器及防止器物氧化的作用[②]；饕餮纹四出戟方鼎有氯离子（Cl^-），含有“有害锈”。

三、保护修复方案的制定与实施

（一）制定保护修复方案

在贯彻“保护为主、抢救第一、合理利用、加强管理”原则的基础上，严格遵循文物保护修复“必须不改变文物原貌、修旧如旧”的要求，对以上八件青铜文物保存现状、主要病害及其影响程度进行科学评估（表二），结合文物今后保存和展示需要，采用先进且成熟的科学技术方法，制定并

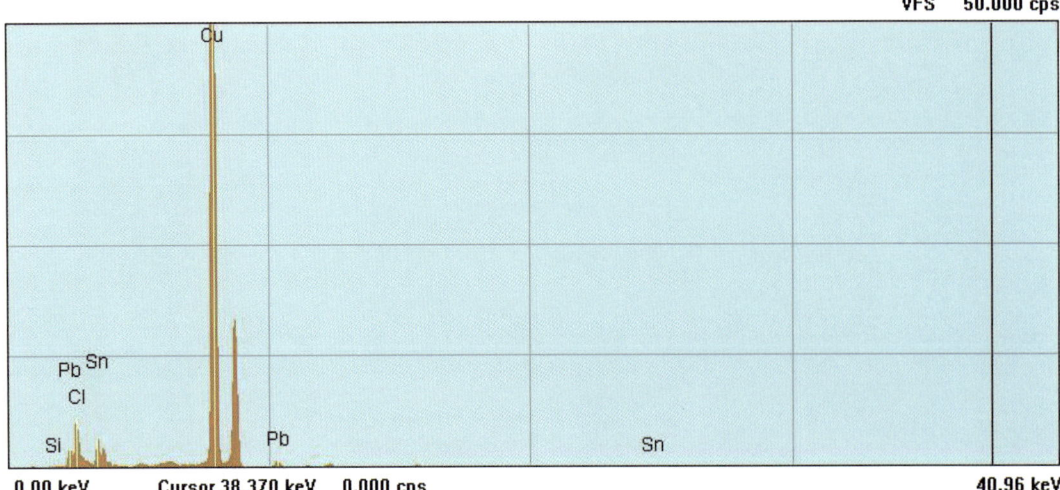

图二 饕餮纹四出戟方鼎X荧光分析图

表二 文物病害情况表

文物名称	病害情况
蕉叶出戟觚	残缺、表面硬结物
月宫仙人菱花镜	裂隙
饕餮纹四出戟方鼎	残缺、表面硬结物、裂隙、腐蚀
残铜豆	残缺、表面硬结物、裂隙、变形
铜剑	裂隙
三象足熏炉	裂隙
兽面腰花铜鼎	残缺、表面硬结物、裂隙
兽面纹斝	表面硬结物、裂隙

完善了保护修复方案，确定了“建档→清洗→除锈→整形→焊接粘接→补配→缓蚀→做旧→封护→完善档案”的实施步骤。具体措施包括对铜器表面的灰尘、泥土等附着物进行清洗，用物理除锈法对遮挡花纹的锈蚀物实施除锈，对碎片及裂缝部位进行焊接或粘接，在有根据的前提下，对残缺的部分进行补缺，补缺的焊接口进行传统做旧处理，对修复后的铜器表面进行缓蚀、封护保护处理，防止有害气体的侵蚀，以达到延长其寿命的目的等。此保护修复方案经过专家论证并一致通过。

（二）保护修复过程

1.前期准备及信息记录

拍摄文物照片，资料查询，对器物本身残损情况及锈蚀状况作记录描述，初步建立文物档案。所拍照片既要反映器物的整体外貌，又要反映出局部的特征，在保护修复过程中也要注意留取照片资料，特别是在修复阶段。并按照《馆藏青铜器病害与图示》（WW/T 0004-2007）的要求绘制文物的病害图③。

2.清洗

去除青铜器表面附着的灰尘、污垢等残留物。此批青铜器表面的灰尘、附着泥土、污垢等相对较容易去除，用超声波放入纯净水对文物进行清洗，利用超声波的直流作用直接、间接地加速文物污物层分散、剥离，从而达到清洗的目的。超声波清洗比手工清洗更方便、效果更佳。

3.除锈

主要是为了能够更好地去解读青铜文物所遗留下来的纹饰、铭文和各种铸造痕迹等历史信息，清除青铜文物表面不稳定的有害锈等腐蚀物质，恢复其表面和加工的原始面貌④。除锈过程中，对于稳定的锈蚀、不影响外观和威胁器物保存的锈蚀物予以保留。除锈主要以物理方法为主，采用手工与机械相结合。手工借助于手术刀、钢针、牙签等工具，用提、挑、拨等方法初步去除或剥离表面疏松的锈蚀；对于复杂坚硬的锈蚀及土垢，则进一步借助于洁牙机等机械来协助去锈。

通过显微镜观察和分析检测，饕餮纹四出戟方鼎含有害锈蚀，需进行有害锈处理。用5%倍半碳酸钠溶液对含有“有害锈”的青铜器进行浸泡，之后对浸泡液进行酸化处理并测定氯化物，根据所含氯化物的多少，多次更换浸泡溶液，尽可能使浸泡液中氯化物的含量达到最低限度。

4.破损修复

对残损器物进行补配、焊接、粘接。

（1）整形：对铜质较好的铜器采用加温矫形法。利用烘干箱和热风枪加温，消除残片内应力后，用两块模具（内模、外模各一块）合成一套。把变形的铜片按照合适弧度置于模具之间，与模具形状相对，用加压钳加压，经过反复加温施压，直至铜器变形部位恢复初始形状。根据变形的程度及部位，也可利用不同的工具、夹具，采用支撑、顶压、敲击、撬搬、扭及焊接等方法对铜器整形。

（2）焊接、粘接：结合器物断口部位特点，对有铜体的部位采用焊锡法，无铜体的部位采用粘接法。锡焊法具有设备简单、操作方便、容易掌握等优点，焊接所需的温度低（约250℃—450℃），对焊件的影响小；但焊接强度小、承重能力弱、不耐压力和冲击力，在较大外力作用下易脱焊，同时由于焊锡熔点低而不耐高温[⑤]。一般情况下，青铜器在博物馆受到高度重视和细心保护，受外界影响小，所以用锡焊法进行修复仍不失为一种好方法。

粘接所采用的粘接剂有914、AAA等环氧树脂胶，这些高分子材料耐酸碱、耐老化并且强度高[⑥]。使用时掺入少量的矿物质颜料、土、沙子，用调刀在粘接口涂抹均匀，待胶完全固化后，用钢锉刀、手术刀去除溢出器物表面多余的粘接剂并打磨，使修复部位与原器物周边一样平整。

（3）补配：对于残缺比较严重、无花纹或花纹部分有小部分缺失器物，根据缺失情况，使用的补配材料有铜片和AAA环氧树脂胶两种，缺失较大的部分用铜片补配，较小的部分用树脂胶补配，铜片相较树脂胶补配，强度更大。

缺失较大的部分补配，首先画出缺失部分的轮廓，并按轮廓裁剪铜片，进行高温加热，消除铜片应力，使铜片变软，按照器物的造型敲打随形，然后根据原器物铜体状况，选择焊接或粘接方式将补配随形铜片与原器物进行连接；缺失较小的部分补配，用AAA环氧树脂胶掺入一定的矿物质颜料、土和沙子补配，待完全固化后，再用锉刀等打磨工具磨成与原器物一致的形状，使表面平整。

补配花纹。用錾刻刀按照原物的花纹进行錾刻，錾刻的深度应比原物稍深一些，以留有做旧的空间。

5. 缓蚀处理

在器物上通体涂刷3%-5%的苯骈三氮唑的乙醇溶液，苯骈三氮唑作为铜的优良缓蚀剂，能与铜及其铜盐形成稳定络合物，在铜与铜合金表面生成不溶性、透明保护膜，且生成的保护膜相当牢固，从而可以防止氧化物、卤素化合物和其他腐蚀性气体的侵袭，使青铜器的活泼的“青铜病”被抑制而稳定下来[⑦]。

6. 局部做旧

为更好展示文物完整性，一般需对器物修复、补配部分和焊接、粘接口进行做旧。做旧处理时，力求做到修旧如旧、色泽和谐、过渡自然。做旧材料以酒精、漆片及各种矿物颜料和丙烯颜料为主。

7. 封护处理

是对之前清洗、除锈、焊接粘接、补配、做旧工作的一种相对长久性的保护处理，经过表面封护后的青铜器，能大大增强器物对空气污染的抵抗能力，减缓环境变化对青铜器的腐蚀影响。目前比较成熟的封护剂采用B72丙酮溶液，其原理就是利用渗透的丙烯酸树脂在青铜器表面形成一层紧实的膜，以抵制新的病菌、微生物或空气中有害因素造成的危害，减少青铜器“生病”的可能[⑧]。此批器物用2%的B72丙酮溶液对器物表面进行涂刷。

8. 编写修复报告

修复保护完成后，需要拍摄修复后照片、填写修复档案，并编写修复报告。

四、保护修复效果评估

此八件青铜器保护的修复工作，利用科技手段对文物进行全面检测，提出修复意见；清除青铜器表面的污渍，使其表面无残留污垢、纹饰清晰；修补缝隙和缺失部位，对文物进行做旧，恢复文物原有面貌，体现历史真实性，同时所做保护修复具有可逆性；进行封护处理，延长了文物的寿命；修复后的文物可满足陈列展览及研究需要（表三）。达到了保护修复预期目标。

五、预防性保护建议

1. 开展馆藏青铜文物风险评估

在条件允许的情况下，逐步开展馆

表三　文物修复后状况

文物名称	修复后照片
蕉叶出戟觚	
月宫仙人菱花镜	
饕餮纹四出戟方鼎	
残铜豆	
铜剑	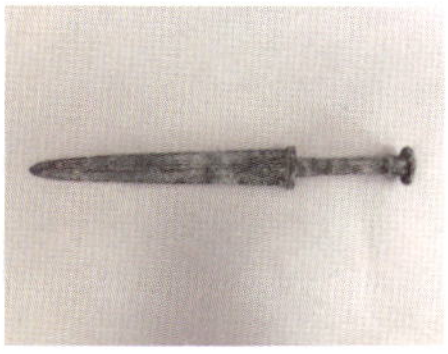
三象足熏炉	
兽面腰花铜鼎	
兽面纹斝	

藏青铜器本体科技无损检测分析，辨识器物本身存在的有害因素，进行全面科学评估，制定并实施针对性病害治理及保护修复计划。

2. 关注青铜器保护环境控制

在花费大量人力、物力对青铜文物进行保护修复的同时，应为此类文物创造一个较好的保护环境（温度18℃-24℃，湿度小于45%），避免氧化性气体与文物的接触，控制达到无氯环境。以巩固保护修复效果，有利于文物的长久保存保养。

3. 配备专用囊匣

为持续保持青铜器修复保护效果，尽可能地减少青铜器腐蚀，避免引起青铜文物的再次污染，尤其是避免“青铜病”传染性侵害情况的发生，必要时，可为青铜器配备防止交叉传染等防护性专用囊匣。

4. 分类存放并降低存放密度

青铜器表面封护处理并不意味着保护工作的结束。文物本体的老化变质是自然规律，保护修复材料本身也存在环境适用性和老化问题，任何干预措施都只是延缓其蜕变速度，不可能一劳永逸⑨。因此，文物的保存环境及日常维护保养工作显得格外重要，并且尽可能让其分类存放并降低存放密度。

六、结语

首都博物馆这批文物的保护修复，是在参考《馆藏青铜器保护修复方案编写规范》（WW/T 0009-2007）、《馆藏青铜器病害与图示》（WW/T 0004-2007）等规范的基础上，按照逐级审批通过的方案及技术路线实施。八件文物涉及商、周、战国、唐、元、清等朝代，历史信息丰富，但残损严重，特别是西周兽面腰花铜鼎仅剩局部及散落碎片，饕餮纹四出戟方鼎局部残缺，存在有害锈，存在腐蚀加速隐患。经过此次保护修复，对有效提高首都博物馆馆藏文物价值、丰富文物展览内容、提供更多陈列展示“精品”、展现并提升首都博物馆文物保护修复科技应用能力与传统修复技艺水平都具有深远意义。

---

①毛志平：《战国镶红铜鸟兽几何纹青铜壶的保护修复》，《中国文物科学研究》2012年第4期。

②贾文熙、李彦平、邵芳：《琉璃河遗址出土饕餮纹铜鼎填充颜料分析》，《人类文化遗产保护》，2016年。

③国家文物局：《中华人民共和国文物保护标准汇编（一）》，文物出版社，2010年。

④陈颢：《青铜文物修复过程中的除锈及缓蚀》，《中国文物报》2015年12月25日第7版。

⑤贾文忠：《浅谈青铜器修复》，《中国文物科学研究》2008年第2期。

⑥王浩天、张红燕、韩化蕊、李铭、郭俊峰：《魏家庄遗址出土铁器的保护修复》，《南方文物》2016年第4期。

⑦陆寿麟、李化元：《腐蚀青铜器的保护》，载中国文物保护技术协会编：《文物保护技术（1981—1991）》，科学出版社，2010年。

⑧郑军：《浅议丙烯酸树脂在文物保护领域中的应用》，《文物世界》2018年第6期。

⑨刘群：《东周时期蟠螭纹铜鼎的修复保护》，《文物修复与研究》，2016年。

（作者单位：首都博物馆）

北京通州区潞城镇后屯村战国墓出土玉石器的无损科技分析

杨　菊　刘风亮　刘乃涛

后屯村战国墓地位于北京市通州区潞城镇北部原后屯村小学范围内，南邻通燕高速，西邻东六环，东南距汉代路县故城遗址约850米，总占地面积626733平方米。2018年11月至2019年12月，为配合北京城市副中心建设，北京市文物研究所对该墓地进行了考古发掘，共发掘战国晚期墓葬202座，是迄今北京地区发掘规模最大、揭露较完整的一处大型战国墓地。从墓葬分布、墓坑排列等可以看出，其分组明显、排列有序、墓葬方向具有相对的一致性，基本可以判定，该墓地是一处有专人管理、按家族埋葬的公墓地。推测墓主人包括一般贵族和平民。该墓地东南紧邻路县故城遗址，或为探讨该城的始建年代提供新的资料，对丰富该区域燕文化的认识具有重要作用。

后屯村战国墓地中有100余座墓发现随葬品，共出土各类器物540余件，以陶器为主，主要有鼎、豆、壶、盘、匜、罐、鬲等；铜器有带钩、铃、环、剑等；玉石骨器有长条形玉片、玉环、玉璜、玉璧、骨串珠、骨簪等。为探明后屯村战国墓出土玉石器的材质和可能的文化交流，本研究采用了光学无损检测技术对玉器进行分析，包括能量色散型X射线荧光光谱（energy dispersive X-ray fluorescence，EDXRF）、激光拉曼光谱（laser Raman spectroscopy，LRS）和X射线衍射（X-ray diffraction，XRD）等。

一、样品情况

目前对于“玉石”的定义存在着两种不同的理解：狭义范畴的“玉”是以硬玉矿物为主的单斜辉石类矿物组成的岩石，或是以透闪石—阳起石系列矿物为主的闪石类矿物组成的岩石；广义范畴上，“玉石”则是指凡天然形成的具有一定色泽和透明度及较大硬度（最好H＞5）的矿物集合体（少数为非晶质体）和结构致密的岩石①。本研究分析的样品共21件，分别来自7座墓，年代为战国晚期，器型包括珠饰、管饰、玉璜、玉环、玉璧和石璧等（详细信息见表一）。玉器样品表面较为干净，未发现明显的污染痕迹。考虑到文物样品的安全性问题，在测试之前，选取样品干净区域，用少量酒精进行擦拭。

二、分析方法

1.能量色散型X射线荧光光谱仪（EDXRF）

使用能量色散型X荧光光谱分析技术对这些玉器进行了主微量元素的成分分析，本测试在北京市文物研究所科技考古中心完成，采用美国EDAX公司的EDAX ORBIS微束X射线荧光能谱仪。分析条件如下：X光管电压30kV，管电流300μA，采谱时间100s，每次分析采谱2次。解谱方法为单标样基本参数法。

表一 玉器样品的基本情况

实验编号	出土编号	器名	实物图	样品描述
BJFZX-1	M655:7	绿色珠饰	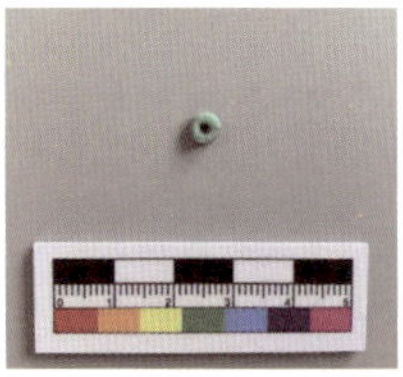	绿色不透明，圆形片状，中穿小孔，珠饰直径5.1mm，穿孔直径0.9mm，高3.1mm，重0.2g
BJFZX-2	M655:19	绿色珠饰	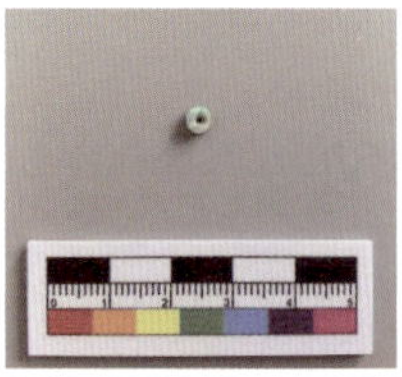	绿色不透明，圆形片状，中穿小孔，珠饰直径5.2mm，穿孔直径1.0mm，高2.5mm，重0.1g
BJFZX-3	M655:1	玛瑙珠		淡褐色半透明，圆形片状，中穿小孔，珠饰直径5.2mm，穿孔直径1.0mm，高2.5mm，重0.1g
BJFZX-4	M655:2	玛瑙珠		淡褐色半透明，圆形片状，中穿小孔，珠饰直径5.7mm，穿孔直径1.5mm，高4.4mm，重1.0g
BJFZX-5	M670:1	玛瑙珠	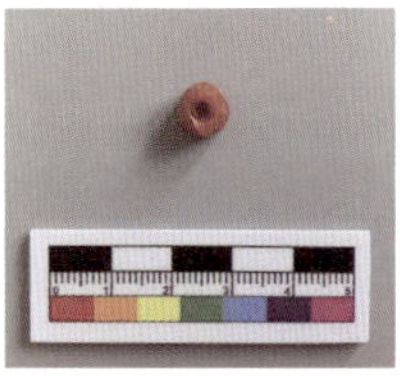	褐红色半透明，圆柱形，直径8.7mm，穿孔直径2.5mm，高6.5mm，重3.5g
BJFZX-6	M609:3	玛瑙珠	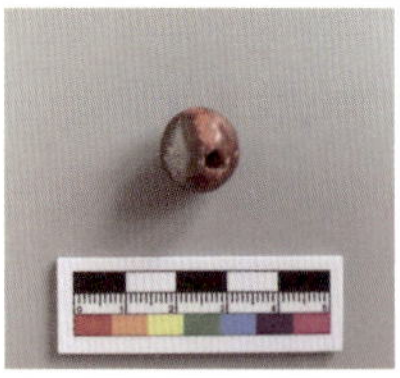	褐红色不透明，圆球形，直径15.3mm，穿孔直径3.1mm，厚14.0mm，重21.5g
BJFZX-7	M655:5-3	白色料珠	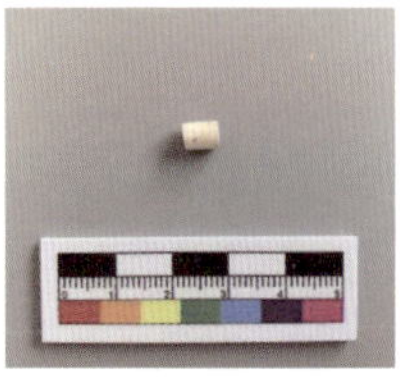	白色不透明，圆柱状，直径4.7mm，穿孔直径2.3mm，长6.4mm，重1.0g
BJFZX-8	M655:5-4	白色料珠	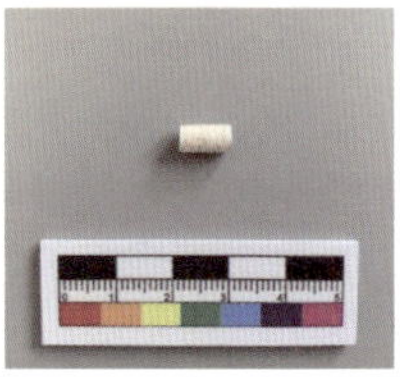	白色不透明，圆柱状，直径4.6mm，穿孔直径2.1mm，长9.0mm，重1.0g

续表

实验编号	出土编号	器名	实物图	样品描述
BJFZX−9	M723:5	水晶珠（残）		无色透明，橄榄形，直径9.3mm，穿孔直径3.4mm，长19.4mm，重10.0g
BJFZX−10	M723:6	水晶珠		无色透明，圆柱形，直径20.1mm，穿孔直径3.2mm，厚13.5mm，重44.5g
BJFZX−11	M723:12	水晶珠		无色透明，圆球形，直径17.3mm，穿孔直径2.9mm，厚16.2mm，重31.5g
BJFZX−12	M743:4	水晶珠		无色透明，圆柱形，直径15.1mm，穿孔直径3.4mm，厚12.2mm，重24g
BJFZX−13	M563:1	玉璧（残）		青色不透明，残长139.1mm，宽52.8mm，厚1.8mm，重174.0g
BJFZX−14	M564:1	玉璜（残）		白色不透明，残长95.2mm，宽78.3mm，厚5.2mm，重243.0g
BJFZX−15	M624:1	玉剑格（残）		白色不透明，残长34.8mm，宽14.2mm，厚12.9mm，重40.5g
BJFZX−16	M609:2	玛瑙环		白色半透明，圆环状，外径40.4mm，内径24.1mm，厚7.4mm，重48.0g

续表

实验编号	出土编号	器名	实物图	样品描述
BJFZX-17	M723:15	黑色玉环（残）		黑色不透明，圆环状，外径47.0mm，内径20.7mm，厚8.2mm，重115.0g
BJFZX-18	M723:16	玛瑙环		淡黄色半透明，圆环状，外径51.7mm，内径27.1mm，厚7.3mm，重110.0g
BJFZX-19	M723:17	玛瑙环		青色不透明，圆环状，外径39.2mm，内径22.8mm，厚6.5mm，重46.5g
BJFZX-20	M743:2	玛瑙环		淡黄色半透明，圆环状，外径29.7mm，内径16.4mm，厚5.6mm，重23.5g
BJFZX-21	M743:7	石璧（残）		黑色不透明，圆环状，外径105.5mm，内径42.1mm，厚2.3mm，重196.5g

2. 共焦显微激光拉曼光谱仪（LRS）

激光拉曼光谱是根据拉曼位移反映出物质分子和晶体的振动谱，通过分析拉曼光谱的峰位、峰强、线型和线宽等在分子层面上研究样品的结构和物相鉴定。本测试在北京市文物研究所科技考古中心完成，采用LabRAM XploRA PLUS型LRS光谱仪（Horiba，法国）。该仪器配备高稳定研究级显微镜，物镜包括10×，100×和LWD50×。采用针孔共焦技术，横向空间分辨率优于1μm，纵向分辨率优于2μm，光谱分辨率≤2cm^{-1}，测试前均采用单晶Si标样进行校正。实际使用的激发波长为532nm，测试范围100—2000cm^{-1}，采用内置光栅1800gr·mm^{-1}，积分时间10s，循环次数2次。

3. X射线衍射仪（XRD）

X射线衍射分析是以物质晶体结构为基础的一种测试方法，组成物质的各种相都有各自的点阵类型、晶胞形状与大小及各自的结构单元等，因而具有各自的X射线衍射花样特征（衍射线位置及强度），从而定性或定量地确定物质的物相。本测试在北京市文物研究所科技考古中心完成，采用德国Bruker AXS D8 Advance A25的X射线衍射仪，测试条件：Cu Kα射线，Ni滤波，管压40kV，管流40mA，一维阵列探测器，扫描范围为5°—90°，步长0.01/2θ，扫描速度1.2°/min，λ=0.15406Å。

三、结果与讨论

1.化学组成以SiO_2、Al_2O_3、K_2O为主的天河石质玉器（2件）

样品BJFZX-1和BJZFX-2的化学成分为SiO_2（66.7%—70.95%）、K_2O（10.82%—12.03%）、Al_2O_3（14.95%—16.59%），这与天河石的理论组分非常接近。图一为样品BJFZX-1和BJZFX-2的Raman图谱，结果显示，三者的特征峰极为相似，个别峰值上的差异可能与其所含杂质有关。样品BJFZX-1的主要峰值为1135cm^{-1}、1125cm^{-1}、997cm^{-1}、812cm^{-1}、744cm^{-1}、649cm^{-1}、511cm^{-1}、474cm^{-1}、450cm^{-1}、371cm^{-1}、330cm^{-1}、283cm^{-1}、258cm^{-1}、199cm^{-1}、176cm^{-1}、153cm^{-1}、124cm^{-1}等，和样品上深棕色斑点的Raman散射峰基本一致。样品BJFZX-2的主要峰值为1095cm^{-1}、813cm^{-1}、756cm^{-1}、507cm^{-1}、477cm^{-1}、455cm^{-1}、409cm^{-1}、359cm^{-1}、324cm^{-1}、288cm^{-1}、267cm^{-1}、245cm^{-1}、208cm^{-1}、184cm^{-1}、161cm^{-1}、110cm^{-1}等。这两件样品的Raman图谱与RRUFF数据库中卡号为R050150的微斜长石（microcline）的Raman峰极为相似（图二），个别峰值上的差异可能与样品所含杂质有关。综合Raman图谱和XRF的测试分析结果，绿色珠饰样品BJFZX-1和BJZFX-2用天河石加工而成。

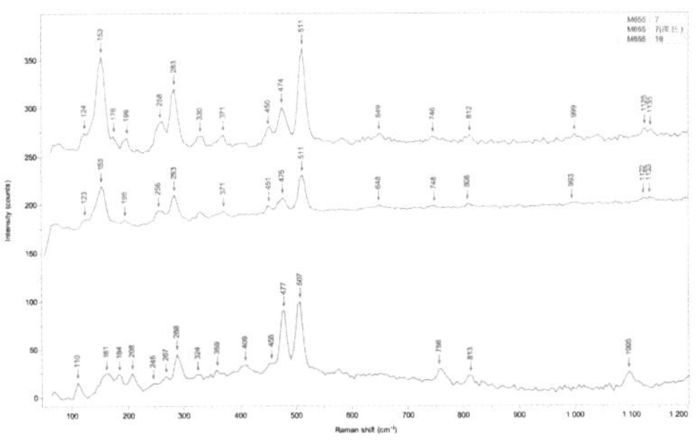

图一 绿色珠饰M655：7（BJFZX-1）和M655：19（BJZFX-2）的Raman图谱

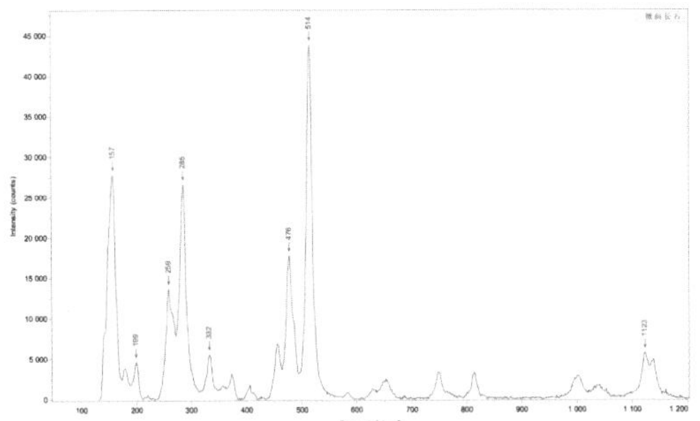

图二 微斜长石（Microcline）的Raman图谱

微斜长石是一种常见的矿物，产于火山岩中，属于富钾长石矿物中的一种，为含钾铝硅酸盐，属三斜晶系，莫氏硬度为6。其颜色有白到米黄、红色，具有玻璃光泽，比较脆。它有一个亮绿到亮蓝绿的变种叫天河石（Amazonite），化学成分主要为$KAlSi_3O_8$，又称“亚马逊石”，因产于巴西亚马逊河而得名，是唯一的一种钾长石晶体的玉石，淡蓝色、蓝色、蓝绿色的半透明块体②。因天河石属于微斜长石，其内有固溶体分离的钠长石（白色）细条纹，故蓝色中呈现细白纹，甚是美观。天河石的蓝色是微量Pb^{2+}离子致色，经久不衰。图三为采用超景深视频显微镜拍摄的样品BJFZX-1的照片，可清楚看到淡蓝绿色中的细白条纹。

在古代非洲、北美洲以及西亚的两河流域等地，天河石装饰品比较流行，如苏丹喀土穆地区的Kadero遗址曾出土有新石器时代早期用天河石和孔雀石制成的小型块状私人装饰品③④。在古代埃及，王朝前时代到罗马时代有许多天河石制作的珠子、护身符和镶嵌物⑤。3330年前，著名的法老图坦卡蒙的项链上就镶嵌有天河石。腓尼基人、新大陆阿芝台克人、玛雅人，以及委内瑞拉、巴西、特立尼达岛、威斯康星州和加利福尼亚州的土著居民都曾使用过天河石。此外，天河石珠及印章也发现于公元前8世纪的新亚述地区⑥。天河石器在我国出现于红山文化晚期，目前已经发现的天河石器物大部分以小型装饰品为主。王荣对我国境内考古出土的红山文化晚期至战国晚期的天河石器进行了统计⑦，结果表明除了东北地区及内蒙古东部地区，天河石器还发现于山西襄汾陶寺遗址、湖北荆州枣林岗墓地、河南安阳妇好墓、陕西西安沣西张家坡墓地、陕西扶风强家村一号墓和安徽蚌埠双墩一号墓等地。这些出土地点都集中在长江以北地区。除个别地点外，大部分地点出土器物数量仅为一个，不过器型有所扩展，如天河石在张家坡墓地被用作柄形饰，相应的功能也有扩展（如礼仪器）。后屯村战国墓出土的天河石珠饰数量较多，为保留其出土状况并未对珠饰的具体数量进行统计，粗略计算出其数量在50颗以上（图四）。天河石与绿松石同属于绿色系玉石，绿松石在我国古代北方尤其是中原地区的新石器时代至商周时期比较流行，天河石饰品的偶然出现可能是作为绿松石的替代品。

2. 化学组成以SiO_2为主的石英质玉器（12件）

化学成分分析结果显示，样品BJFZX-3—6、BJFZX-9—12、BJFZX-16、BJFZX-18—20的主要成分是SiO_2（92.17%—97.73%），表明其为石英质矿物质。

图三 珠饰M655：7（BJFZX-1）照片

图四 绿色珠饰出土情况

石英族矿物有一系列的同质多像变体，即具有相同的化学组成、却有不同的分子结构，如α-石英、磷石英和方石英。最常见的石英晶体为α-石英（α-Quartz），可分为显晶质和隐晶质。显晶质的α-石英包括单晶体的无色水晶、紫水晶、茶晶、黄水晶等，通常呈六方柱和菱面体，因含有微量致色离子、细分散包裹体及色心等，而呈现各种颜色，并致使透明度降低。隐晶质石英集合体，包括红玉髓（Carnelian）、绿玉髓、玛瑙（Agate）、燧石等，主要根据不同的宏观特征进行判断。单色微透明者，称为玉髓或石髓，带条纹斑纹呈微透者称为玛瑙[⑧⑨]。玛瑙的主要组成为α-石英、斜硅石、微晶石英以及少量蛋白石[⑩]。斜硅石（moganite）属于单斜的多晶质石英，在玉髓和玛瑙中存在该种晶形的石英。已有的研究表明，斜硅石具有19个独立的拉曼光谱谱峰，其中多数与α-石英重合，最具特征的也是最强的斜硅石拉曼特征峰位于501cm^{-1}附近，该峰主要与硅氧四面体组成的四方环中Si-O-Si的对称伸缩-弯曲振动有关，因此常用于确定是否含有斜硅石存在[⑪⑫⑬]。

对这12件样品进行Raman光谱分析，其中4件透明珠饰（BJFZX-9—BJFZX-12）的拉曼光谱特征峰（图五）与石英（Quartz）基本一致，其中123和351cm^{-1}为晶格振动峰（Lattice vibration），202cm^{-1}归属于SiO_4扭曲振动（Swing vibration），最强的460cm^{-1}则归属于On_b—Si—On_b弯曲振动（Bending vibration），结合其外观判定为水晶。水晶的摩氏硬度为7，高于玉（6—6.5）、绿松石（5—6）、玛瑙（6.5—7）等，且脆性高，因此其制作相对较难。早期的水晶饰品多为天然晶形，不加人工干预。本次发现的水晶制品制作精美，可见当时先民对水晶这类脆性材料可以根据装饰需求加工成多种器型。

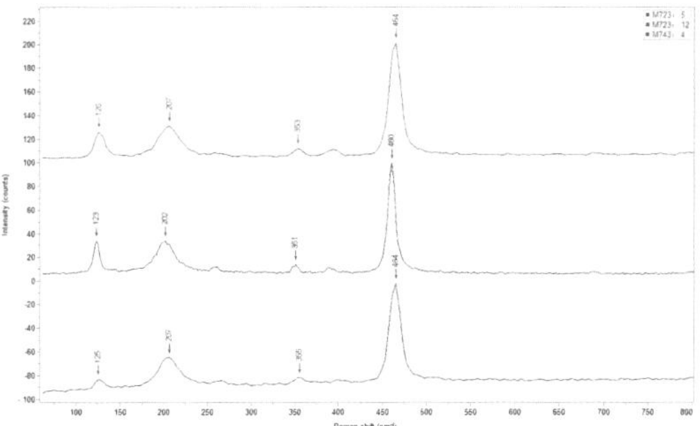

图五 珠饰M723：5（BJFZX-9）、M723：12（BJFZX-11）和M743：4（BJFZX-12）的Raman图谱

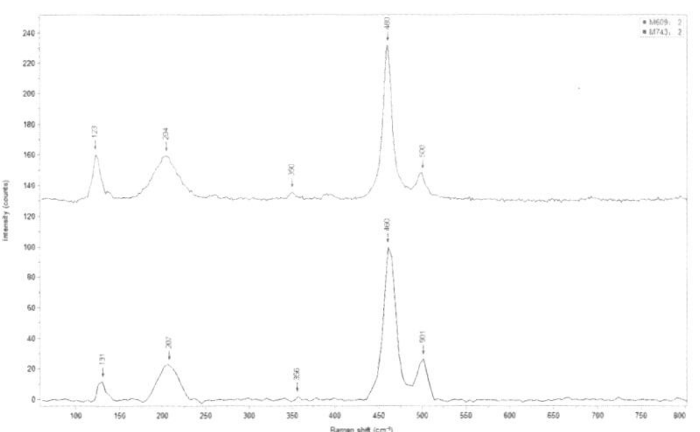

图六 环饰M609：2（BJFZX-16）和M743：2（BJFZX-20）的Raman图谱

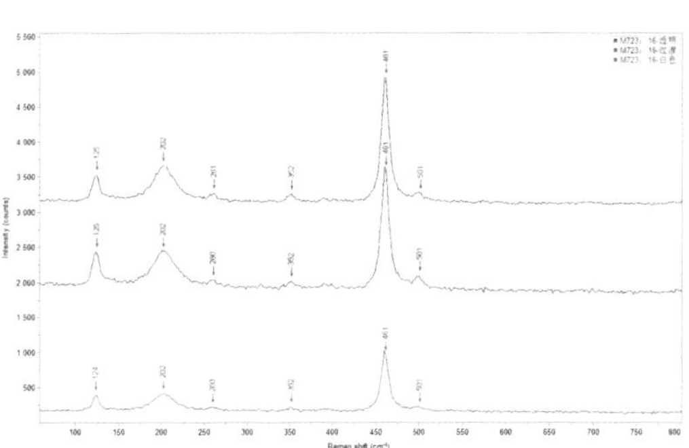

图七 环饰M723：16（BJFZX-18）的Raman图谱

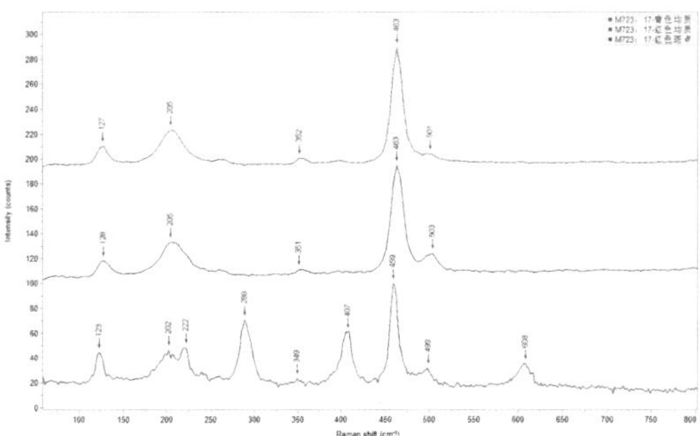

图八 环饰M723：17（BJFZX-19）的Raman图谱

唐锦琼对先秦时期发掘出土的水晶制品进行了统计，发现早期水晶器的数量不多、分布极为零散，至春秋中晚期开始大量出现，出土数量达2474件，很可能是铁质工具的出现和大量运用才使得水晶制品得到广泛使用[14]。玛瑙的使用可以追溯到新石器时代，战国时期继续沿用。由于玛瑙质地坚硬，所以一般不雕琢纹饰而仅将其打磨光滑。

4件玉环（BJFZX-16、BJFZX-18—BJFZX-20）的拉曼图谱中除石英的特征峰外还可见501cm^{-1}附近有明显的峰位（图六—图八），显示该组器物是由隐晶质的石英材质——玛瑙或玉髓构成，结合其外观判定为玛瑙。红色珠饰BJFZX-3和BJFZX-4的Raman特征峰在505cm^{-1}可见明显峰位，判定为红色玉髓；红色珠饰BJFZX-5的Raman图谱中未见斜硅石的特征峰，该样品应为红玉髓（图九），可能经过了高温处理。带条纹珠饰BJFZX-6选择了红、黄、白三个不同的区域进行测试分析，Raman图谱（图十一、图十二）显示该样品含有斜硅石，结合其外观条带状明显，判定为玛瑙。BJFZX-3—BJFZX-6这4件样品应该是加热处理过的玉髓珠或玛瑙

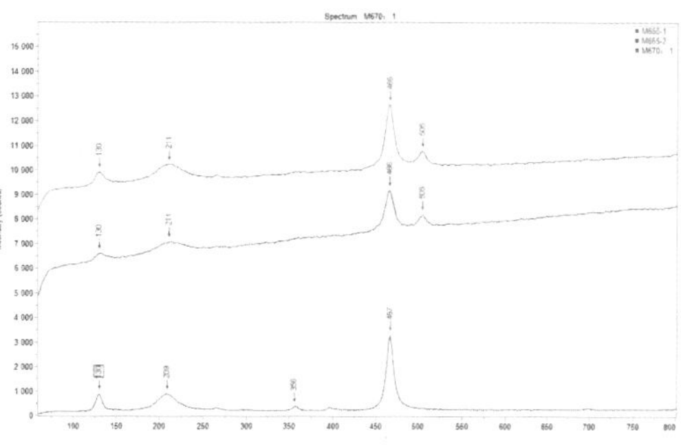

图九 珠饰M655-1（BJFZX-3）、M655-2（BJFZX-4）和M670：1（BJFZX-5）的Raman图谱

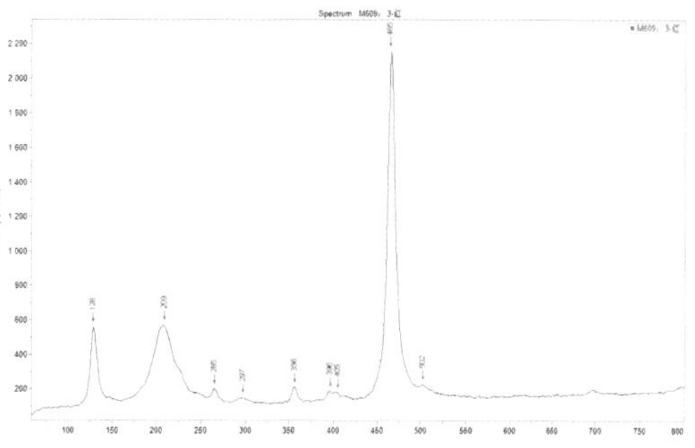

图十 珠饰M609：3（BJFZX-6）红色区域Raman图谱

珠，天然玉髓、玛瑙中铁离子经高温处理后会发生价态变化，由二价转变为三价，产生红色。孟国强等[15]对河北宣化“战国红”玛瑙进行热处理实验分析其表面，红色主要由赤铁矿致色，黄色主要由针铁矿致色，加热到400℃时，针铁矿会转化为赤铁矿，玛瑙条带会由黄色变成红色。

3.化学组成以SiO_2和MgO为主的滑石质玉器（3件）

白色料珠BJFZX-7和BJFZX-8的主要成分是MgO（38.55%—40.52%）、SiO_2（55.93%—58.30%），质量比（SiO_2）/（MgO）=1.38—1.51；次要化学成分为Al_2O_3、CaO、Na_2O、Fe_2O_3及K_2O等。这与顽火辉石的理论组分值（MgO 40.15%、SiO_2 59.85%）基本一致。黑色料环BJFZX-17的化学成分是MgO（34.33%—37.41%）、SiO_2（59.19%—59.20%），质量比（SiO_2）/（MgO）=1.72，这与滑石（talc，化学结构式$Mg_3Si_4O_{10}(OH)_2$）的理论组分值（MgO31.88%和$SiO_2$63.37%）比较接近。需要说明的是XRF检测不到氢元素，结果中H_2O的含量无法确定，这可能会导致SiO_2和MgO的含量偏高，与滑石的理论组分有偏差。

对这三件样品又进行了XRD分析，白色料珠BJFZX-7和BJFZX-8的衍射峰都比较弱，只呈现出一条弥散的曲线，甚至出现非晶化，初步推测这种现象可能与热处理有关。黑色料环BJFZX-17的衍射谱线，主要矿物组分与滑石（JCPDS卡片号为83-1768）非常接近（图十三）。

为进一步探明样品的呈色机理，进行了拉曼光谱测试。黑色料环BJFZX-17的拉曼图谱（图十四）特征峰在1371cm^{-1}（弱）和1600cm^{-1}（强）附近出现两个弱而宽的Raman散射峰。在碳材料的Raman图谱一级序区（First order region）的频率范围（1100—1800cm^{-1}）内，单晶石墨仅在1575cm^{-1}处有一特征G（Graphite）谱线，该谱线是天然石墨所固有的，属于石墨晶格面内C-C键的伸缩振动，振动模式为E_2g。其他碳材料除了G谱线外，随着石墨晶格缺陷、边缘无序排列和低对称碳结构的增加，在1360cm^{-1}附近还有另外一个D（Defacts）谱线，属于石墨微晶的A_1g振动模式，被称为结构无序峰[16]。由此可见图十四中1357cm^{-1}和1600cm^{-1}附近的Raman峰来源于碳材料的振动，说明黑色料环中存在单晶石墨或其他碳质材料，故颜色发黑。白色料珠BJFZX-7和BJFZX-8的拉曼谱（图十五）在190和673cm-1附近有明显谱线，这两个峰分别与滑石[SiO_2]扭曲振动（Swing vibration）及Si—O—Si伸缩振动（Stretching vibration）的拉曼峰基

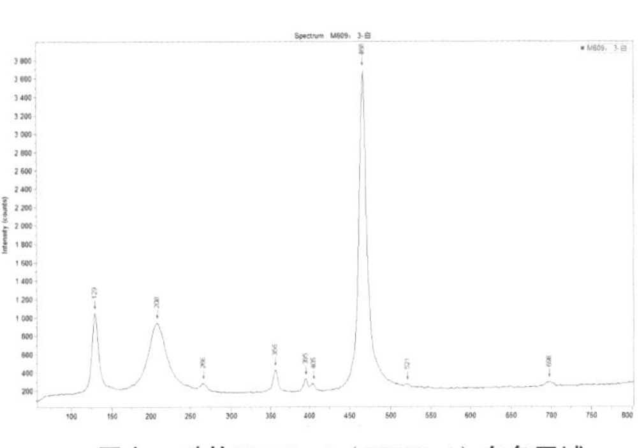

图十一 珠饰M609：3（BJFZX-6）白色区域的Raman图谱

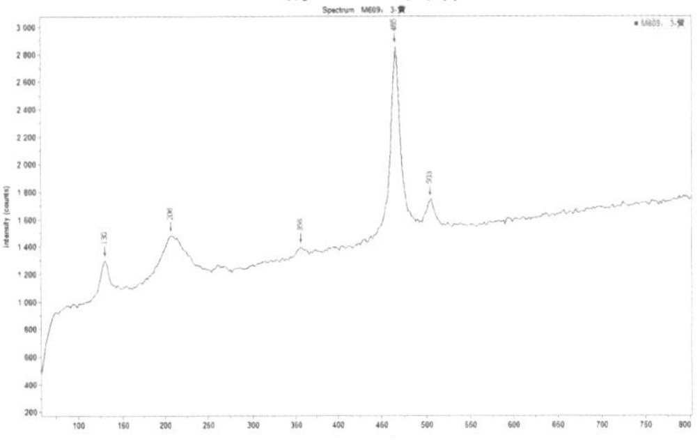

图十二 珠饰M609：3（BJFZX-6）黄色区域的Raman图谱

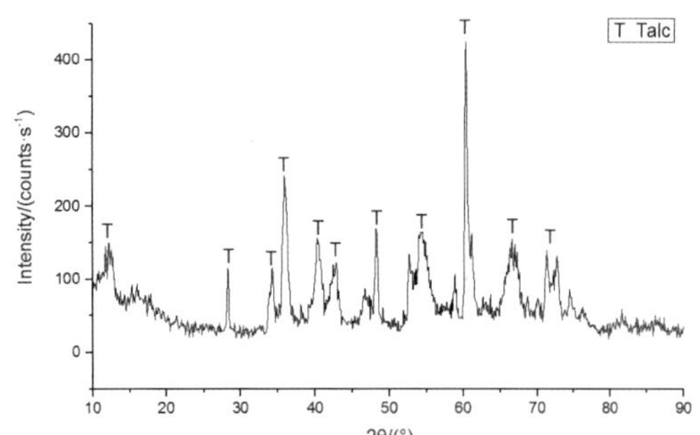

图十三 黑色玉环M723：17（BJFZX-19）的XRD谱

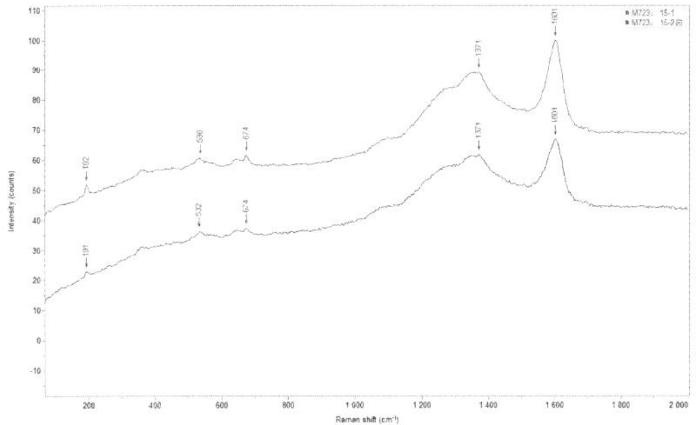

图十四 黑色玉环M723：17（BJFZX-17）的Raman图谱

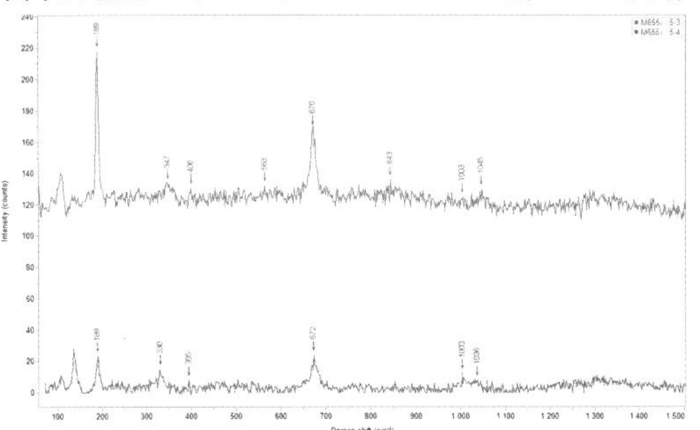

图十五 白色料珠M655：5-3（BJFZX-7）和M655：5-4（BJFZX-8）的Raman图谱

本一致。

滑石是一种层状硅酸盐矿物，在我国比较常见且分布广泛。工业滑石按颜色可划分为白滑石、黑滑石、红滑石、绿滑石和灰滑石五种[17]。我国黑滑石资源十分丰富，目前所探明的矿点大多分布于我国中南及西南地区，如江西东部的广丰和九江、湖南西北部的北龙山至保靖一带、广西上林、重庆南川，以及广东平远等地，按成矿地质特征可分为区域变质型、热液交代型和风化沉积型三大类型。黑滑石的主要矿物成分通常由滑石、石英、方解石、海泡石、有机碳等组成，颜色呈黑色或灰黑色[18]。陈正国通过模拟实验认为黑滑石在800℃—1200℃可生成顽火辉石[19]，其反应式为：$2Mg_3[Si_4O_{10}](OH)_2$（滑石）$\xrightarrow{800℃—1200℃}$ $3Mg_2Si_2O_6$（顽火辉石）$+SiO_2+2H_2O$。许芳芳也通过实验得出结论：黑滑石中的有机碳在400℃左右开始分解，随着焙烧温度升高，白度随之逐渐提高，黑滑石中的有机碳逐渐挥发掉；当温度达到850℃时，白云石完全分解，滑石开始发生相变；随着温度的升高，滑石相变完全，生成顽火辉石；白云石分解后的产物，分别与SiO_2反应生成顽火辉石和碳酸钙；1150℃煅烧后，样品中的主要物相是顽火辉石、硅酸钙和二氧化硅[20]。在模拟实验的基础上，王荣和董俊卿认为中国境内出土的顽火辉石器物可能是由滑石经过热处理形成的，而一些标注为黑色和白色的滑石器可能分别经过了低温（<400℃）和高温（>800℃）的热处理过程[21]。

综合以上分析，黑色环饰BJFZX-17可能由黑滑石未经热处理直接冷加工而成，矿物中的单晶石墨或其他碳质材料是其致黑的原因。两件白色料珠（BJFZX-7、BJFZX-8）可能是经过800℃左右高温处理的滑石，部分物相发生了向顽火辉石转变。推测先由黑滑石加工成型，再经过850℃—900℃高温焙烧而成，以达到增白的效果，可称为热处理滑石珠（Heated/fired/burnt Talc/steatite Bead）[22]。

4.化学组成以MgO、SiO_2、CaO为主的透闪石质玉器（3件）

BJFZX-13—BJFZX-15的主要成分是SiO_2（54.61%—56.07%）、MgO（24.57%—30.55%）、CaO（10.23%—11.45%），这与透闪石（$Ca_2(Mg,Fe)_5Si_8O_{22}(OH)_2$）的理论组分值（MgO 24.81%、$SiO_2$ 59.17%、CaO 13.81%）基本一致。计算其镁铁比R*（$Mg^{2+}/Mg^{2+}+Fe^{2+(3+)}$）发现，这3个样品的R*值大于0.9，说明玉璧、玉璜和玉剑格的成分主要为透闪石，且颜色较浅（主要为白色和青白色）。拉曼谱显示此类玉器的拉曼特征峰主要为670和1057cm^{-1}（图十六），分别与透闪石Si—O—Si伸缩振动（Stretching vibration）和Si—O伸缩振动（Stretching vibration）的拉曼特征峰位基本吻合，与化学成分分析结果相一致。另注意到样品BJFZX-15的Al_2O_3的含量较BJFZX-13和BJFZX-14高，推测与其受沁有关。受沁指玉器在地下埋藏环境中受到的风化作用，其根本原因在于玉器入

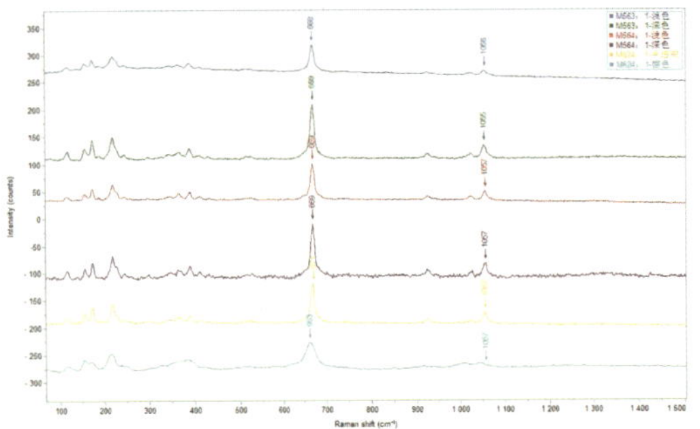

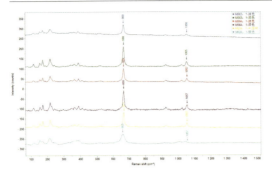

图十六 玉璧M563：1（BJFZX-13）、玉璜M564：1（BJFZX-14）和玉剑格M624：1（BJFZX-15）的Raman图谱

土之后需要调整自身状态以适应新环境，与周边环境建立新平衡体系。玉器受沁后，其颜色会发生变化，各种变化中，白化较为常见，这件样品属于部分白化、中度受沁（区域分布）。

5.砂岩（1件）

样品BJZFX-21的化学成分是Al_2O_3 21.05%、SiO_2 64.28%、K_2O 7.63%、Fe_2O_3 6.03%，即以SiO_2和Al_2O_3为主，黑色，肉眼观察有颗粒感、结构较致密，放大镜下观察可见长石、石英等矿物，初步判定为砂岩。通过分析其Raman图谱和XRD图谱（图十七、图十八），进一步证实了之前的判断。

四、结论

利用能量色散型X射线荧光光谱（EDXRF）、激光拉曼光谱（LRS）和X射线衍射分析（XRD）三种无损分析方法测试了21件后屯村墓地出土的玉石器样品。结果表明：

1.这批器物材质丰富，主要矿物组成有石英、天河石、滑石、顽火辉石、透闪石、砂岩等（表二）。包括天河石珠2件、红玉髓珠3件、玛瑙珠1件、玛瑙环4件、水晶珠4件、热处理滑石珠2件、滑石环1件、透闪石型玉器3件、砂岩质石璧1件。

2.本次检测的白色料珠（直径小于0.5cm的圆柱形微珠）是由黑色滑石加工而成，矿物中的单晶石墨或其他碳质材料是黑滑石致黑的原因，黑滑石环可能是由黑滑石直接加工而成，白色料珠先由黑滑石加工成型，再经过850—900℃高温焙烧而成，以达到增白的效果。热处理是彰显古人智慧与技术的一种重要行为，用于改善材料性能以及获取所需色泽。青铜时代早期至西周时期，滑石珠饰大量出现，部分经过了热处理过程。早在距今8000年前，印度河谷地区梅赫尔格尔一期晚段已使用了热处理滑石，目的既是为了提高滑石硬度，也是为了获取所需白色[23]。除滑石外，还发现几件玉髓珠也可能经过了高温处理，呈现红色。早在西周时期中原地区就出现了不少红玉髓珠，如河南平顶山应国墓地等，而晚期青铜时代游牧民族的墓地如内蒙古林西井沟子等红玉髓珠饰更为常见。目前主流观点认为，红玉髓珠可能起源于印度次大陆，并认为西周墓葬中突然出现的红玉髓珠是受到外部刺激的结果[24]。由此，北京后屯村战国墓出土的这批热处理滑石和红玉髓珠饰，可能

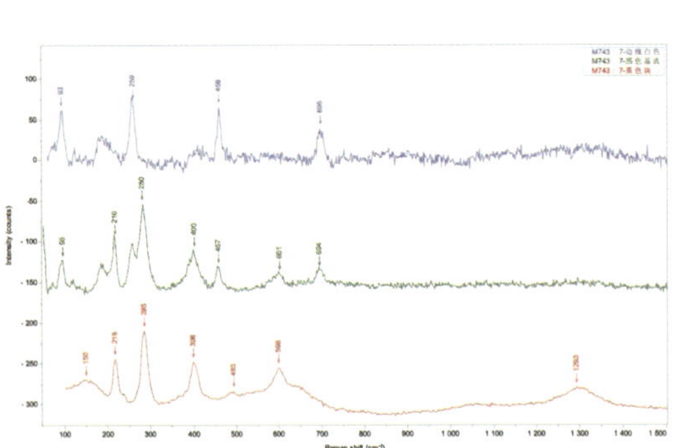

图十七 石璧M743：7（BJFZX-21）的Raman图谱

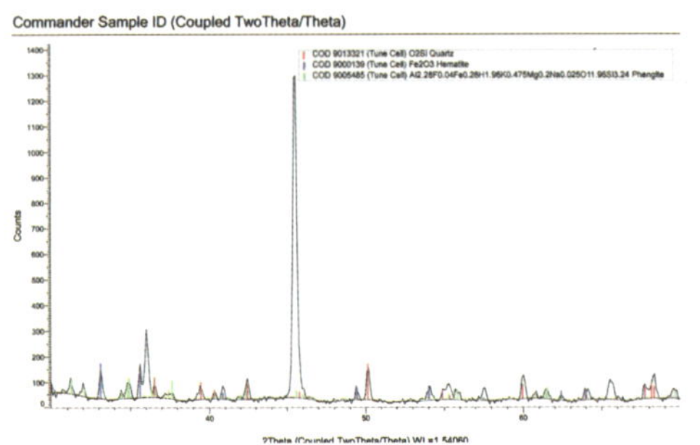

图十八 石璧M743：7（BJFZX-21）的XRD图谱

表二 玉器样品的主要化学成分分析结果（Wt%）

样品编号	出土编号	位置	Na_2O	MgO	Al_2O_3	SiO_2	P_2O_5	K_2O	CaO	TiO_2	Cr_2O_3	MnO	Fe_2O_3	Rb_2O	PbO_2	SO_3	BaO	CoO	V_2O_5	主要矿物
BJFZX-1	M655:7	1	1.51	0.58	14.95	70.95	0.13	10.82	0.10	0.02	0.02	n.d.	0.07	0.39	0.16	0.22	0.07	0.01	n.d.	天河石
		2	2.01	0.51	16.57	67.35	0.09	12.02	0.05	n.d.	0.02	n.d.	0.06	0.48	0.24	0.29	0.31	n.d.	n.d.	
BJFZX-2	M655:19	1	3.40	1.10	16.47	66.70	0.16	10.91	0.57	0.02	0.03	n.d.	0.12	0.26	0.08	0.17	n.d.	n.d.	0.01	天河石
		2	2.33	1.06	16.59	66.75	0.17	12.03	0.30	0.02	0.03	n.d.	0.17	0.27	0.06	0.18	0.02	n.d.	0.01	
天河石($KAlSi_3O_8$)理论值			18.30	64.80		16.90														
BJFZX-3	M655-1	1	1.59	1.17	1.14	95.19	0.21	0.07	0.28	n.d.	0.03	n.d.	0.11	n.d.	n.d.	0.17	0.01	n.d.	0.02	石英
		2	1.29	0.87	1.01	96.16	0.18	0.05	0.19	n.d.	0.03	n.d.	0.09	n.d.	n.d.	0.12	n.d.	n.d.	0.01	
BJFZX-4	M655-2	1	2.00	0.85	1.19	95.25	0.15	0.09	0.15	n.d.	0.03	n.d.	0.15	n.d.	n.d.	0.11	0.01	n.d.	0.01	石英
		2	2.03	1.10	1.69	94.33	0.19	0.14	0.14	0.01	0.04	0.01	0.14	n.d.	n.d.	0.15	0.01	n.d.	0.02	
BJFZX-5	M670:1	1	1.03	1.85	1.27	93.44	0.28	0.01	1.50	0.01	0.04	n.d.	0.12	0.01	n.d.	0.42	n.d.	n.d.	0.01	石英
		2	0.88	1.25	1.24	95.25	0.34	0.03	0.52	0.01	0.04	n.d.	0.09	n.d.	n.d.	0.34	n.d.	n.d.	0.02	
BJFZX-6	M609:3	1	4.06	0.70	1.02	93.09	0.30	0.05	0.10	n.d.	0.22	n.d.	0.15	0.02	0.01	0.14	0.08	0.04	0.02	石英
		2	1.79	0.46	0.79	95.30	0.27	0.01	0.11	0.01	0.03	n.d.	1.05	n.d.	0.01	0.14	n.d.	0.01	0.03	
BJFZX-7	M655:5-3	1	0.74	38.55	1.27	58.30	0.28	0.05	0.26	0.01	n.d.	0.01	0.32	0.01	0.01	0.12	0.04	0.01	0.03	顽火辉石
		2	1.89	38.94	1.18	56.78	0.18	0.06	0.32	0.02	n.d.	0.01	0.24	n.d.	n.d.	0.34	0.02	n.d.	0.02	
BJFZX-8	M655:5-4	1	1.12	40.52	1.16	55.93	0.22	0.08	0.52	0.01	0.01	0.01	0.19	n.d.	n.d.	0.19	0.02	n.d.	0.01	顽火辉石
		2	1.17	39.96	1.34	55.93	0.29	0.11	0.51	0.01	0.01	0.01	0.25	n.d.	n.d.	0.33	0.05	n.d.	0.01	
顽火辉石$Mg_2(Si_2O_6)$理论值				40.15		59.85														
BJFZX-9	M723:5	1	2.12	0.51	0.80	95.70	0.20	0.04	0.07	n.d.	0.02	n.d.	0.04	n.d.	n.d.	0.16	0.34	0.01	n.d.	石英
		2	0.66	0.29	0.81	97.73	0.13	0.02	n.d.	n.d.	n.d.	n.d.	0.01	n.d.	n.d.	0.03	0.33	n.d.	n.d.	
BJFZX-10	M723:6	1	1.12	0.90	n.d.	94.38	0.19	0.08	0.11	0.01	n.d.	n.d.	0.02	3.00	0.04	0.13	n.d.	0.01	n.d.	石英
		2	0.90	0.64	n.d.	94.88	0.19	0.06	0.06	0.01	n.d.	n.d.	0.01	3.13	0.04	0.08	n.d.	n.d.	n.d.	
BJFZX-11	M723:12	1	0.87	1.58	1.31	95.13	0.31	0.12	0.29	0.01	0.04	n.d.	0.04	n.d.	0.01	0.29	n.d.	n.d.	n.d.	石英
		2	1.71	0.96	1.38	94.38	0.37	0.24	0.27	0.03	0.03	n.d.	0.10	0.01	0.02	0.49	n.d.	n.d.	0.01	
BJFZX-12	M743:4	1	1.37	0.70	1.24	95.79	0.30	0.08	0.06	0.01	n.d.	n.d.	0.32	n.d.	n.d.	0.12	n.d.	n.d.	n.d.	石英
		2	0.96	0.85	1.86	94.86	0.49	0.17	0.09	0.01	n.d.	n.d.	0.40	n.d.	0.01	0.27	0.01	n.d.	n.d.	

续表

样品编号	出土编号	位置	Na_2O	MgO	Al_2O_3	SiO_2	P_2O_5	K_2O	CaO	TiO_2	Cr_2O_3	MnO	Fe_2O_3	Rb_2O	PbO_2	SO_3	BaO	CoO	V_2O_5	主要矿物
BJFZX−13	M563:1	1	1.10	28.47	n.d.	55.48	0.65	0.12	10.61	0.12	0.01	0.13	1.05	2.05	0.01	0.16	n.d.	0.01	0.03	透闪石
		2	0.85	28.68	n.d.	55.71	0.65	0.11	10.44	0.17	0.01	0.13	0.96	2.15	n.d.	0.11	n.d.	0.01	0.03	
BJFZX−14	M564:1	1	0.89	29.77	n.d.	55.54	0.35	0.06	10.23	0.04	0.01	0.01	0.40	2.47	0.01	0.18	0.01	n.d.	0.02	透闪石
		2	0.99	29.70	n.d.	56.07	0.36	0.07	10.31	0.03	0.01	0.02	0.29	1.99	n.d.	0.13	n.d.	n.d.	0.02	
BJFZX−15	M624:1	1	0.93	30.55	1.52	54.61	0.49	0.02	11.45	0.02	0.01	0.02	0.28	n.d.	n.d.	0.08	n.d.	n.d.	0.02	透闪石
		2	0.84	24.57	4.89	55.81	1.06	0.32	11.36	0.09	0.01	0.23	0.59	n.d.	n.d.	0.17	0.03	n.d.	0.02	
透闪石$Ca_2(Mg,Fe)_5Si_8O_{22}(OH)_2$理论值				24.81		59.17			13.81											
BJFZX−16	M609:2	1	0.94	0.35	n.d.	94.88	0.11	0.03	0.04	n.d.	0.03	n.d.	0.02	3.54	n.d.	0.02	0.02	0.01	0.01	石英
		2	0.67	0.35	n.d.	96.11	0.17	0.02	0.05	n.d.	0.02	n.d.	0.02	2.52	n.d.	0.03	0.01	n.d.	0.03	
BJFZX−17	M723:15	1	1.66	34.33	n.d.	59.19	0.56	0.04	0.12	n.d.	n.d.	n.d.	0.21	3.81	n.d.	0.04	0.02	n.d.	0.02	滑石
		2	1.49	37.41	n.d.	59.20	0.18	0.04	0.07	0.01	n.d.	n.d.	0.24	1.29	n.d.	0.05	n.d.	n.d.	0.02	
滑石$Mg_3[(OH)_2Si_4O_{10}]$理论值				31.88		63.37														
BJFZX−18	M723:16	1	1.03	0.29	n.d.	94.69	0.18	0.02	0.05	n.d.	0.02	n.d.	0.02	3.61	n.d.	0.04	0.02	n.d.	0.02	石英
		2	0.77	0.36	n.d.	95.03	0.15	0.03	0.04	n.d.	0.03	n.d.	0.01	3.50	n.d.	0.04	0.01	0.01	0.02	
BJFZX−19	M723:17	1	1.17	0.27	n.d.	94.80	0.22	0.04	0.06	0.01	0.02	n.d.	0.03	3.26	n.d.	0.09	n.d.	n.d.	0.03	石英
		2	1.47	0.44	n.d.	93.51	0.21	0.04	0.07	0.01	0.02	n.d.	0.55	3.60	0.01	0.06	n.d.	0.01	0.01	
BJFZX−20	M743:2	1	1.85	0.60	n.d.	92.81	0.22	0.04	0.10	0.01	0.02	n.d.	0.17	4.07	0.01	0.10	n.d.	n.d.	0.01	石英
		2	2.62	0.63	n.d.	92.17	0.24	0.17	0.08	0.01	0.01	n.d.	0.86	2.98	n.d.	0.20	n.d.	0.01	0.02	
BJFZX−21	M743:7	1	n.d.	n.d.	21.05	64.28	n.d.	7.63	n.d.	0.91	n.d.	n.d.	6.03	n.d.	n.d.	n.d.	n.d.	00.0	0.09	砂岩
		2	n.d.	n.d.	19.51	62.24	n.d.	6.43	n.d.	1.09	n.d.	n.d.	10.63	n.d.	n.d.	n.d.	n.d.	n.d.	0.10	

与域外文化有着某种交流和联系，北方游牧民族可能是一个文化交流的桥梁和纽带，当然也可能是在域外文化影响下在本土制作而成。

3.借助科学仪器甄别并鉴定出的天河石珠饰，为北京地区战国晚期墓地首次通过科学检测发现得到，其颜色、外形、形制上与绿松石制品极为相似，发掘之初被误认为是绿松石珠，此种材质的发现对丰富北京地区战国时期出土玉石器的认识具有积极作用。这种材质珠饰在我国古代墓葬或遗址中较少发现，目前已发现的红山文化晚期至战国晚期天河石器主要集中在长江以北地区，数量上东北地区和内蒙古东部地区具有一定优势，考虑到天河石、滑石和红玉髓珠饰在内蒙古、辽宁、吉林等地的晚期的墓葬中也常有发现，推测后屯村战国墓地应该与北方游牧民族存在较多的文化交流。

---

①邹天人、郭立鹤、於晓晋：《中国主要玉石类型及产地》，《矿床地质》1996年第S1期。

②⑧张蓓莉：《系统宝石学》，地质出版社，2006年。

③伏修峰、干福熹、马波、顾冬红：《青金石产地探源》，《自然科学史研究》2006年第3期。

④Sading, Azhari Mustafa. The Neolithic of the Middle Nile Region: An Archeology of Central Sudan and Nubia[M].Rochester:Fountain Publishers,2010.

⑤Harrell JA, Osman AF. Ancient amazonite quarries in the Eastern Desert[J].Egyptian archaeology,2007.

⑥George Rapp. Archaeomineralogy[M]. Berlin:Springer-Verlag,2009.

⑦王荣：《中国早期玉器科技考古与保护研究》，复旦大学出版社，2020年。

⑨夏玉梅、戴苏兰、陈大鹏等：《玛瑙的宝石学分类及其鉴别特征》，《矿物岩石》2020年第2期。

⑩陶明、徐海军：《玛瑙的结构、水含量和成因机制》，《岩石矿物学杂志》2016年第2期。

⑪Jens Gotze, Lutz Nasdala, Occurrence and distribution of “Moganite” in agate/chalcedony: a combined micro-Raman,Rietveld, and cathodoluminescence study,Contrib Mineral Petrol,1998.

⑫Hardgrove C. Thermal Infrared and Raman microspectroscopy of moganite-bearing rocks[J]. American Mineralogist,2013.

⑬Kingma KJ, Hemley RJ. Raman spectroscopic study of microcrystalline silica[J].American Mineralogist,1994.

⑭唐锦琼：《先秦时期水晶制品初探》，《东南文化》2019年第5期。

⑮孟国强、陈美华、蒋佳丽、陈思：《河北宣化“战国红”玛瑙的结构特征及颜色成因》，《宝石和宝石学杂志》2016年第6期。

⑯㉒李东风、王浩静、王心葵：《PAN基碳纤维在石墨化过程中的拉曼光谱》，《光谱学与光谱分析》2007年第11期。

⑰田红：《黑滑石增白实验研究》，《建材地质》1991年第5期。

⑱吴基球、文忠和、李竞先：《我国黑滑石资源及其应用状况》，《中国非金属矿工业导刊》2008年第4期。

⑲陈正国、邸素梅、祝强：《广丰黑滑石的增白试验及致黑机理探讨》，《非金属矿》1993年第6期。

⑳许芳芳、李金洪、王宇才：《江西广丰黑滑石煅烧增白及物相变化特征》，《非金属矿》2010第6期。

㉑王荣、董俊卿：《中国先秦时期热处理滑石器初探》，《东南文化》2021年第1期。

㉓Anne Bouquillon, B. Barthelemy De Saizieu, A Duval. Glazed Steatite Beads from Merhgarh and Nausharo(Pakistani Balochistan). MRS Proceedings,1995.

㉔Aruz J, Wallenfels R. Art of the First Cities, Metropolitan Museum of Art[M]. New York: Yale University Press,2003; Rawson J. In Search of Ancient Red Beads and Carved Jade in Modern China. Cabiersd' Extrême—Asie. 2008.

（作者单位：北京市文物研究所）

大高玄殿乾元阁修缮设计研究

赵　星

大高玄殿是明清以来专供皇家御用的道观，其建筑不仅等级高，而且非常有特色。位于轴线最后端的乾元阁尤其特色明显，为上层圆形攒尖顶与下层方形相结合的二层建筑。2010年9月，故宫博物院启动了大高玄殿全面修缮工程。乾元阁修缮是其中重要的一个组成部分（图一）。修缮设计的范围与主旨是文物建筑本体的排险和风貌复原。

一、乾元阁的文献考证与现场勘查

大高玄殿位于今西城区景山西街21、23号，南邻景山前街，北至陟山门街，东西两侧分别与景山、北海公园毗邻，东南与故宫博物院相望。大高玄殿建筑群坐北朝南，南北长244米，东西宽57米，占地约14000平方米，乾元阁为中轴线上后端的建筑，也是最后一进院落的主体建筑（图二）。

（一）文献考证

关于大高玄殿的历史，前辈、同仁论述者甚多，尤以杨新成先生《大高玄殿建筑群变迁考略》为翔实，以大量文献和现场勘查为依据进行了论述，而笔者所掌握文献无出其右，故而仅叙述对乾元阁建筑产生重要影响的历史阶段。

据《明世宗实录》记载，大高玄殿始建于明嘉靖二十一年（1542），乾元阁同时期建成，当时名为“无上阁（清代改名乾元阁）”[①]。其用途据《酌中志》记载：“殿之东北曰无上阁，其下曰龙章凤篆，曰始阳斋，曰象一宫，所供象一帝君，范金为之，高尺许，乃世庙玄修之御容也。[②]”清代康熙、雍正、乾隆、嘉庆时期均有修缮。其中乾隆朝对乾元阁所在院落的改动最大，拆除了乾元阁前的东西配殿，但没有对乾元阁建筑本身进行拆改，对乾元阁的修缮均为“粘补”。清代后期则很少有对乾元阁的修缮。民国时期及新中国成立后，也没有大规模的改建和修缮工程。因此，从文献角度看，乾元阁的建筑主体保存了明代嘉靖朝原构。

图一　修缮后的乾元阁

（二）现场勘查

乾元阁为二层楼阁式建筑（图三），明代供奉象一帝君，清代是帝王祈雨之所。乾元阁二层平面为圆形，攒尖顶，圆形宝

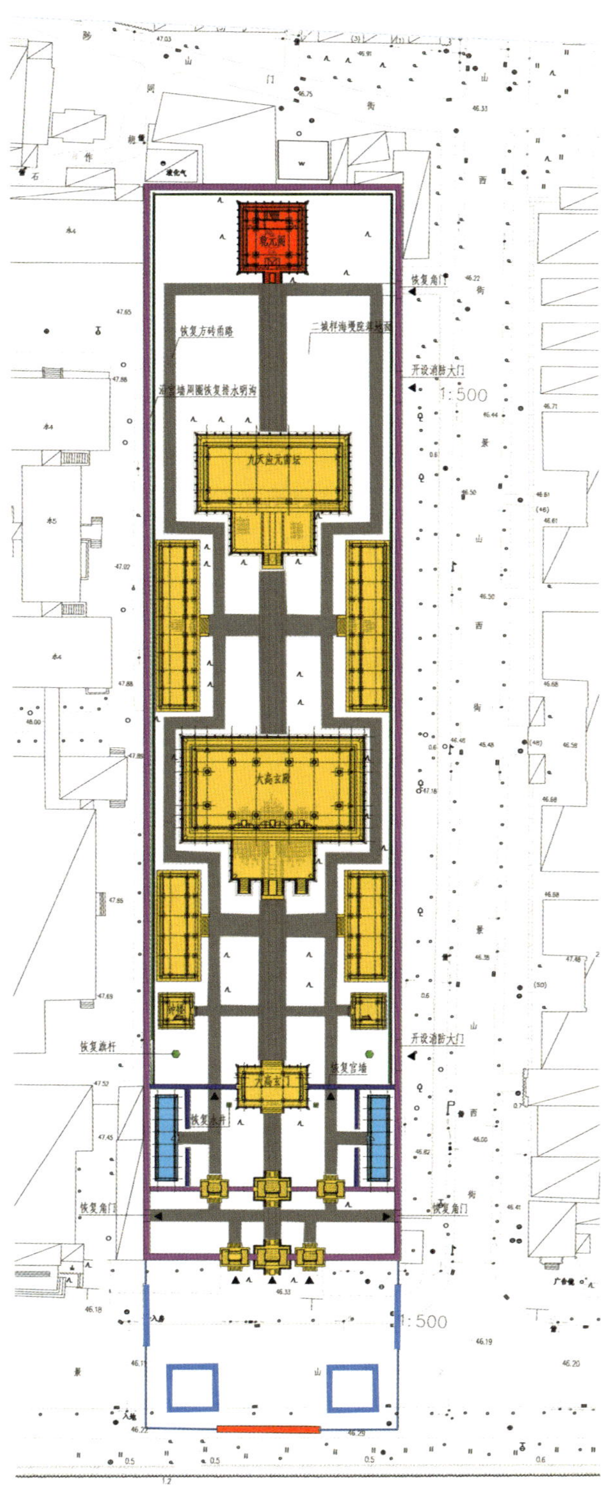

图二 大高玄殿总平面（红色部分为乾元阁）

顶，屋面覆以蓝色琉璃瓦。二层设平座，周围廊，环护以荷叶净瓶寻杖栏杆。上层檐下施以重昂五踩斗拱，绘金龙和玺彩画。南面正中悬挂用满、汉两种文字书写的云龙斗匾“乾元阁”，为乾隆御笔。前面五楹每间以槅扇门窗装修，三交六椀菱花格棂心。北面三楹为木板墙。内外圆形金柱、檐柱各8根，16根柱全部安放于一层顺、趴梁之上（无通柱），其上梁架为两趴梁座于檐檩，承托金檩及上部结构。室内为团龙井口天花，顶部有盘龙藻井，披麻加漆木地板。阁内后部设有木质神龛一座，圆形八面，毗卢帽顶，后五面是木板，前有垂幔。龛内又置一圆形小亭，六面攒尖顶，有重昂七踩斗拱，每间四攒，四周置栏杆，下部为木须弥座。

一层平面为方形，边长15米，面阔三间，屋面覆以黄色琉璃瓦。檐下施以单翘单昂五踩斗拱，绘金龙和玺彩画。明间上部悬挂满、汉两种文字书写的云龙斗匾“坤贞宇”，为乾隆御笔。明间为四抹槅扇门四扇，次间为槛窗，棂心已毁。乾元阁一层由外围12根檐柱、内围4根金柱组成。一层大木结构体由柱、梁、枋相互锁咬，榫卯交错，形成抬梁式结构。内部井口天花，现存天花板上存有两个时期的天花作品：底层的为硬做（在地仗上彩绘），表层的为软做（纸上做后裱贴于前期画面上）。等级亦有区分：底层做法为“片金团龙天花，烟琢墨金搭瓣岔角云”，沥粉工艺精细；面层做法为“片金团龙天花，金琢墨岔角云”，用金量大，工艺比底层稍差，支条燕尾存留的是后期做法，燕尾云同岔角云，金琢墨做法；上层天花无方股子线，形状为梯形。下层为方形方股线，距支条为3厘米，尺度很小。方砖铺地，有木楼梯转折通往二层。

乾元阁基础为汉白玉须弥座，须弥座四周围以汉白玉三幅云宝瓶栏杆柱子，龙鹤望柱头。明间前出御路踏跺，中间丹陛雕刻龙凤、仙鹤图案。

目前文物建筑残损及病害勘查主要

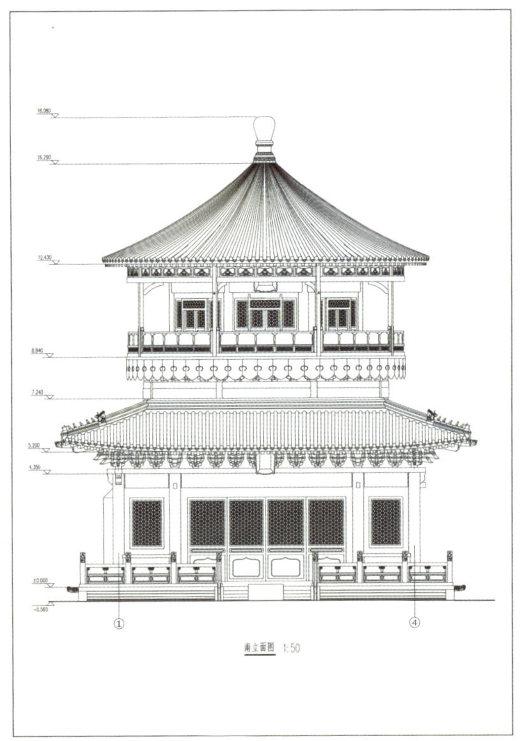

图三 乾元阁南立面图

图四 二层平座斗拱楼板枋位移拔榫开裂现状

图五 一层角檐下沉及二层平座、挂檐外倾现状

图六 二层局部木装修现状

有人工勘查和机械设备勘查两种。人工勘查内容包括实地测量文物建筑本体各部构件，记录和初步判断损伤、病害、拆改的状况和成因，以及可能产生的隐患。总体上，乾元阁保存状况不佳，存在较为严重的损伤及病害。

1. 大木结构体系（图四、图五）

（1）一层西南金柱、二层8根金柱中的南侧5根金柱均出现反向侧脚（外倾），最大值为2.14%（此数据已考虑到柱身收分的现场实测值）。一层西南金柱的外闪推断因其上承托二层两金柱的主梁出现的损伤有关，系连带变形、走闪；二层与金柱相连的柱头额枋、柱身承重枋、柱身下侧的承椽枋均出现了程度不同的拔榫情况，同时伴随有大木结构的走闪问题。此种情况的出现说明二层木结构的整体约束力不足。二层平座斗拱、挂檐板外倾，最大处达到了12厘米，走闪严重。说明斗拱后尾约束力不足，这也是明清时期斗拱的通病。

（2）部分木结构构件刚度不足，致使部分构件挠度过大，对结构整体稳定性产生负面影响。这种损伤主要出现在一层角梁、挑檐檩、一层主梁等大木结构上。

（3）一层屋面上出尺寸大，挑檐深远，其下大木构件的承载力不能有效承托飞檐荷载，致使斗拱外倾、拱件损伤、挑檐檩弯垂。角科斗拱大斗受力过大，致使角科斗拱竖向压缩及其下平板枋出现不均匀压缩变形（木材的天然纤维不均匀），

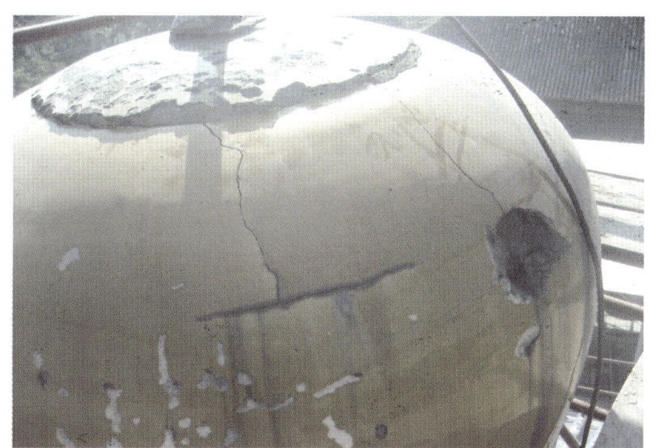
图七 宝顶（脱釉风化酥粉开裂，胎体损伤）

图八 二层蓝琉璃瓦现状（脱釉开裂，局部损伤）

翼角下沉约10—18厘米。

（4）有少量木构件因木材本身存在的材料缺陷产生损伤。

（5）一层西侧承托二层两金柱的主梁同时出现材料开裂、刚度不足、挠度过大等情况。

（6）平座夹层部分斗拱歪闪，部分构件损坏、缺失。

（7）柱子隐入墙中部分、头停椽望和檩木等构件出现部分糟朽、外闪问题。

2. 木装修

现存装修自然损伤，现存装修人为的拆改（图六）。

3. 宝顶、瓦件等琉璃砖件

二层宝顶黄色琉璃脱釉，胎砖风化、酥碱；一二层瓦件均有碎裂和脱釉现象（图七、图八）。

4. 墙体、台基等砖石构件（图九、图十）

墙体保存基本完好，但是部分损伤：局部砖体出现风化、酥碱等自然损伤；后

图九 西外墙台基现状

图十一 一层内檐彩画现状

图十 南侧台基现状

图十二 二层外檐彩画及油饰现状

檐墙人为拆改（掏门洞一处）；通过测量后数据分析，前檐、后檐及两山墙台基、柱顶高差最大值为3—4厘米，可以认定台基保存基本完好，未出现结构性问题。台基问题主要是院落地坪上升，湮没部分台基；台基上的部分石质望柱、栏板、排水龙头等构件缺失。

5. 油饰、彩画（图十一、图十二）

连檐、瓦口、椽望的地仗油饰普遍脱落，见木骨，残损较为严重。内外檐下架大木（柱、槛、框、装修、楼梯、顶板等）由于年久失修，地仗局部空鼓、开裂、脱落、见木骨，油饰普遍粉化失光。室内包金土子墙面的包金土浆大部分褪色开裂，空鼓、酥碱、脱落，已失去了保护及美观墙面的作用。

整座建筑内檐彩画形制全部保存，基本完好；外檐彩画的擎檐部损伤严重，但形制基本可以辨认；平座处彩画脱落无存；头停椽望损伤严重。其余部分彩画均保存基本完好。内外檐彩画均蒙尘，部分彩画褪色。室内天花部分遗失。藻井地仗及彩画贴金由于年久烟熏，出现咬花现象，但三色金的贴法可明显看出，部分雕活残破缺失，赤金作底，云纹库金，龙红金。上层小斗拱贴混金，下层小斗拱用青绿刷饰勾白粉无金。整体较完整。乾元阁的小花板，寻杖栏杆的花活彩画做法现残损严重，不能分辨形制。

二、乾元阁建筑时代、特征分析

经文献考证及现场勘查分析，推断乾元阁为明代嘉靖时期的建筑。虽然位于中轴线的最后端，但是其上圆下方的形制在建筑意义上寓意天地，且这种建筑形制仅在皇家及敕建的建筑中才能使用。

（一）大木的时代和特征

乾元阁主体构架经材质检测为楠木，由于李华、陈勇平等《故宫大高玄殿建筑群木结构的树种配置与分析》一文有详细

图十三 西山面内檐隔墙板以北穿插枋彩画

图十四 西山明间内檐隔墙板以南彩画

叙述，本文不再赘述。根据现场勘查发现的墨书题记及木结构的尺度，结合文献记载，大体可以断定木构架主体仍然为明嘉靖朝所建。

（二）彩画的时代和特征

坤贞宇内檐大木存在彩画特征接近于故宫的坤宁宫、坤宁门内檐彩画（图十三、图十四）。西山面北次间内檐额枋和承重梁构件上现存的龙凤和玺彩画有以下特征：大线（皮条线、岔口线、方心线）为全弧形；合棱处有一水平线；找头内采用简化做法，去掉圭线光，通画金琢墨拶退西番莲做法；凤尾为羽毛状；天花内的散云、岔角云为烟琢墨拶退做法。现在大部分构件上存在的双龙和玺彩画主要特征为：棱线中部无水平线；大线圭线光为弧线形，楞线、岔口线为几何形，也有大线圭线光、楞线、岔口线为弧线形；圭线光子内为绿地灵芝，青地西番莲；找头内龙纹为绿地升龙，青地降龙，这个时间不与底色定纹饰，较为活跃；柱头盒子内

的西番莲为触边状；不施晕色；贴金部位为二金色（与本区的大高玄殿内檐、景山寿皇殿和景山东西朵殿内檐相一致）。综合分析，坤贞宇内檐彩画为清中期遗迹，仍保留有清早期特征。

乾元阁内檐大木彩画与坤贞宇内檐西山面北次间内檐额枋和承重梁龙凤和玺彩画小有区别，合棱处无水平线。但是从纹饰上看：大线（皮条线、岔口线、方心线）为全弧形；盒子内西番莲为触边状；不施晕色；天花大边极窄，龙身为龙鳞形；盒子岔角为分开状；贴金处为两色金。基于以上纹饰主要特征，总体看应为清早期遗迹。

坤贞宇、乾元阁外檐彩画：大线（皮条线、出口线、方心线）为直线形；龙身为竖道状；合棱处无水平线；盒子内西番莲卷草不触边，盒子岔角为交叉状。基于以上纹饰特征，外檐现存彩画为清晚期遗迹，但仍保留了找头部位升绿降青、不施晕色的清早期特征。

（三）乾元阁价值分析

首先，其天圆地方的建筑形式是中国古代建筑以建筑外形表达建筑意义的代表作。其次，其明代中期的构架在北京较为少见。再次，其建筑材质和建筑工艺十分珍贵。最后，其建筑上附着的历史信息非常丰富。

三、乾元阁主要残损和病害成因分析

（一）大木结构

大木结构损伤大致可分为三类：一是长期使用过程中对于建筑的拆改、保存不当，以及年久失修所致，这在各个不同构件均有产生，采用传统工艺修缮即可；二是由于建筑材料时间久远，材料本身因老化、变质、腐朽、性能丧失及原设计、原施工之固有缺陷造成的损伤，这种损伤会在同一位置、性质的构件上出现，只是程度不同而已；三是多次受地震等自然力作用，建筑出现不同程度的损伤。

总之，大木结构多处部位出现的残损及病害是多重因素的共同作用产生的，结合《古建筑木结构维护与加固技术规范》（GB 50165—92）结构可靠性鉴定原则：大木结构修缮前已属于Ⅲ类建筑（承重结构中关键部位的残损点或其组合已影响结构安全和正常使用，有必要采取加固或修理措施，但尚不致立即发生危险），抗震鉴定为不合格。

（二）木装修

木装修主要损毁原因是使用不当和人为损坏，次要原因是自然衰变和风化。

（三）宝顶、瓦件等琉璃构件

宝顶、瓦件等琉璃构件损毁原因主要是自然风化、酸雨和琉璃胎体酥碱。

（四）墙体、台基等砖石构件

墙体大面积的掏挖洞穴，台基的栏板、望柱等石构件缺失均由人为造成；砖体出现的风化、酥碱属于自然损伤。

（五）油饰、彩画

油饰的脱落、剥皮是使用不当和自然风化双重原因共同作用造成。彩画脱落、起翘是使用不当和自然风化双重原因造成，彩画的蒙尘则主要是周围环境的尘土、细菌等形成。

四、修缮设计指导思想的确立

根据勘测情况，由于该文物建筑整体结构已经不稳定，故本次修缮的性质定位为排险、保护修缮和局部风貌复原。乾元阁是全国重点文物保护单位的本体组成部分，其抢险和保护修缮工作严格遵循“不改变文物原状的原则”和《文物保护工程管理办法》有关规定，坚持“保护为主，抢救第一、合理利用、加强管理”的文物工作方针，力求最大限度保留乾元阁的价值信息。在此基础上，综合考虑了技术的可实施性，因此本修缮设计的指导思想确定为严格保护历史信息的真实性，遵循真实性、可读性、可逆性的原则。

（一）**保护历史信息的真实性**

具体的讲就是严格控制新配构件比例，不以《古建筑木结构维护与加固技术规范》中修、配界定的标准、修补方式的选择为唯一准则。而是最大限度地保留原有构件，减小原有构件的原制更换比例，并明确构件修补技术方法，以求历史信息尽可能得以延续和传达。换言之，可以通过结构补强解决的绝不更换。修缮中的补配构件应做到原形制、原材料、原工艺的“三原”原则，力争在最大限度上保持建筑的时代特征和其真实性。

（二）**尊重和剔除的原则**

在修缮设计工作中，对乾坤阁保存下来的一些遗存进行了分析。首先，要“尊重”那些自明朝初建以来历次修缮和添建的历史信息，对于有价值的历史叠加物和合理的加固构件要予以保留，使人们能从中读取各个时代留下的痕迹。其次，对近年来干扰文物建筑原貌、破坏性的不和谐添加物，应该予以“剔除”，使其能够像历史上一样表达其建筑含义。

（三）**可逆性原则**

乾元阁修缮中的补、配材料一律使用传统材料，按原有的施工方法进行施工。这样便留给后人开发出更好处置手段和方法进行修缮的余地。

五、乾元阁修缮措施和方法

目前乾元阁结构稳定性已出现较严重问题，因此总的修缮措施和方法应该是在传统工艺修缮对待的基础上，针对结构性损伤采取必要的补强。在保护文物原真性的前提下，尽量解决原设计及原施工之中的缺陷，从而减小重复出现相同损伤的概率，延长再次出现相同损伤的时间。

（一）**大木结构**

1.损伤构件的修、配

宝顶扶脊木、椽头糟朽处，剔糟至整，传统工艺修缮，角梁后尾榫卯糟断，剔糟至整，铁活加固，环氧树脂硬木补整。柱、梁等受力构件出现变形、开裂、榫卯损伤、徐变等损伤的，采用传统工艺，剔糟、挖补，环氧树脂硬木补整，开裂处打箍处理。一层西北角埋墙檐柱的柱根糟朽，采用了传统工艺墩接的方法。

2.加施必要的结构补强措施

因一层承重梁开裂、变形、榫卯变形下沉，其上两层柱随之下沉及偏移，导致二层大木构梁架走闪，待揭瓦卸荷后，将梁顶升至原位，同时适度纠偏二层走闪大木后，对梁头榫卯压溃变形处，并用环氧树脂硬木补严梁归位后留下的空隙。钢板备实梁归位后抱框与梁间之间的空隙。南侧大梁（梁身挠度大于临界值，并出现梁底劈裂）进行必要的铁活加固补强（实施前进行了三次等比小构件铁活加固补强实件实险室加载实验，取得实效后明确加固方案）。梁身其余损伤进行传统工艺，剔糟、挖补，环氧树脂硬木补整，开裂处打箍处理。屋面檩间加施钢带，提高整体刚度，加强檩间整体联系。对于东、西、北三端承重力梁采用抱柱钢板垫起、开裂处环氧树脂胶修复、水平缝螺栓加固、开裂处60毫米×6毫米扁钢拉接、北承重梁抱箍加固的方法。

3.加强斗拱约束

对于平座斗拱后尾无约束的外倾，采用后尾与承重枋铁活加固连接的方法。一层角科斗拱大斗与其下平板枋之间加钢板，均匀传压，解决可能出现的不均匀压缩变形（木材的天然纤维不均匀）。因一层挑檐檩，檩中下沉，致使其下平身科斗拱外倾（平身科斗拱内槽无约束）。采用仅在内槽拱枋上加一木枋，将其与趴梁间隙备实的方法。

4.木构架归安、复位

二层全面归安，打牮、拨正大木结构，一层恢复四角出檐原制（对大木架的打牮、拨正应适可而止，不必一定归安至原位）。

（二）**木装修**

考虑到损伤明确，现保存有大部分原

形制装修，计划采用传统工艺，全部补配损坏和缺失部分，复原木装修。

（三）宝顶、瓦件等琉璃构件

二层宝顶的胎砖采用修补方法，对脱釉处进行补色，并做防水处理；对于碎裂的琉璃瓦件新作补配，对脱釉处进行补色，并做防水处理。

（四）墙体、台基等砖石构件

对于风化、酥碱等自然损伤严重的墙体，采取传统工艺剔补、打点、局部拆砌修缮的方法；对于墙体后开门洞采用传统方式补砌至整的修缮方式。台基上，将散落的原构件全部归位，缺损的构件比照现存相同形制和尺寸新配，损伤构件全面修补，全面恢复台帮原制。室内地面考虑到二层平座斗拱的归安及铁活加固，现在地面方砖原拆原砌，全面保存，损伤严重处原制补配。一层地面除挖补破损严重者外，其余保持现状不动。

（五）油饰、彩画

内檐彩画全部保留现状，做除尘保护，对于残缺部分，按现状补绘整齐。外檐彩画的二层擎檐部、平座处、头停椽望原制新做，其余全部保留现状，并做除尘保护，残缺部分按现状补绘整齐。

六、施工材料与技术要求

（一）大木作

传统工艺大木架打牮、拨正，归安走闪大木结构（对大木架的打牮、拨正应适可而止，不必一定归安至原位），按相关图纸标注按原有材质、原断面尺寸修、配木构件。新配木构比例不得突破设计要求，其余损伤者全部修补、加固。

1. 屋面卸荷，椽、望糟朽的尽可能修补，尽可能少的更换，雷公柱无法修补，决定更换。

2. 二层斗拱整攒整修，不得拆修。

3. 归安走闪二层金柱，大木结构打牮、拨正，柱头平板枋、柱身承重枋、柱身下侧的承椽枋榫卯处施以钢带连接。

4. 归安二层楼板层大木结构，平座处斗拱整攒整修，不得拆修，归安斗拱后应将斗拱后尾与相邻承重枋进行铁活加固，加强约束，防止修缮后再次外倾。

5. 一层揭瓦修缮；瓦件损伤严重者据实补配，脱釉处防水处理。

6. 角科斗拱整攒整修，不得拆修；角科斗拱下安放钢板均压，并在平板枋的搭角上加抹角枕垫。

7. 东、西、南、北共四间大跨度檩下斗拱外倾问题，考虑于斗拱后尾处加施木枋，与趴檐步、趴梁形成有效支顶，抑制斗拱再次外倾。

8. 角梁损伤处按现状修整，恢复角梁原位。大木归安中有不同程度的归位搭接不能入位，蹬脚榫处采取镶垫补安装。

9. 全面详查一层西南金柱的外闪及因其上承托二层两金柱的主梁出现的损伤。据实加固主梁后，适度打牮、拨正外闪金柱，不求原位归安。

10. 埋墙柱据实茬补、打箍已糟朽柱根。

揭瓦时椽望的拆卸应尽量使用原有的木料，对已糟朽需更换的椽、望用材，选用一、二级红松，更换圆椽选用杉杆，严禁用方木刨圆。因天气湿度较大，木材含水率＜20%即可，均为自然干燥材。所有新配大木用材选用黄花松，木材含水率＜18%，所有新配装修用材选用一、二级红松，含水率＜15%，凡所有添配木构件均应涂刷CCA防腐材料四道。

所有装修铜活保存完好者按现状保存，只进行表面清污；损毁者原制补配，表面做旧处理。

（二）木装修

二层外檐栏杆罩、金步隔扇门、窗（双层三交门椀菱花）、封板，室内楼梯栏杆、盘龙藻井、井口天花、木雕神龛，一层外檐装修、内部封板现存形制保存完好，损伤不一，依原制据实修、配即可。隔扇门、窗双层三交六椀菱花中加入一层5厘米玻璃，可开启门、窗扇均加设双层门窗专用密封橡胶条，加强气密性。

（三）**砖瓦作、石作**

建筑的台明石、柱顶石、压面石均用汉白玉石料，归安稳垫石活用灰。凡注明“剔换”的部位，必须严格执行，不得伤及周围墁砖或任意扩大范围。屋面苫背，曲线须柔顺，掺灰泥背分层苫抹，每层不超过50毫米，首层泥背全部为白灰，为了随圆脊部为二城样金刚墙，起圆为城砖随圆且有两层灰背，灰背脊瓦瓦泥约200毫米左右。泥背至七八成干时，拍打。泥背晒至九成干时再苫灰背。用生石灰块泼制泼浆灰，麻刀含量5%，苫背灰要均匀、充分泼制，泼制后适当沉状。青灰背表层不得少于三浆三轧，保证成品不出现裂缝，青灰背配比:白灰：青灰：麻刀＝100：8：5，严禁使用劣质麻刀，青灰背晾至九成干再瓦瓦。裂损、破裂、不破裂但有隐残的瓦严禁上房。板瓦沾生石灰浆，瓦与瓦的搭接部分不小于瓦长的6/10。檐头瓦坡度不应过缓。瓦底用瓦刀将灰“背”实，空虚之处应补足。清除瓦与瓦搭接缝隙以外的多余灰。筒瓦抹足抹严雄头灰，盖瓦侧面不宜有灰。脊内灰浆要饱满，瓦垄伸入脊内不宜太少。交接处的脊件（正脊与垂脊）砍制适形，灰缝宽度不超过10毫米，内部背里密实，灰浆饱满。

拆除瓦件前，应先切断电源并做好内、外檐彩绘的保护工作。如果木架倾斜，用杉槁迎着木架支顶牢固。拆卸瓦件时应先拆揭瓦滴，并送到指定地点妥为保存，然后拆揭瓦面和垂脊，最后拆除大脊。在拆卸中要注意保护瓦件不受损失，可以使用的瓦料应将灰、土铲掉扫净。瓦件拆卸干净后将原有的苫背垫层全部铲掉，其后进行大木更换、归安及打牮拨正等项工作。二层宝顶琉璃件全部拆修（补胎、补色、防水处理），不得新配（揭瓦时严格编号记录，保证原位拆安）。瓦件损伤严重者据实补配，脱釉处防水处理。其中，宝顶的修缮步骤如下：1.将琉璃宝顶瓦件编号后逐件拆下；2.用物理清洗方式清洗宝顶瓦件，晾干；3.清除陶质宝顶风化酥粉层；4.宝顶缺损的部位采用修复石粉修复，干燥固化后表面使用矿物颜料补色；5.对琉璃瓦残损、断裂部分进行粘接；6.琉璃宝顶重砌时，内部重夯；7.琉璃宝顶瓦件传统工艺重砌。

（四）**断裂石栏板粘接**

1.清理碎块断面：将断裂面上老化的酥粉清除，以保证接缝的准确。用棕刷和去离子水将断裂表面及缝隙中的尘土污迹清洗干净。

2.胶结面处理：在原构件上的两个胶结面，将溶剂型胶涂于各断裂面表面。保证粘接强度。

3.拼对粘接：使用环氧树脂粘接胶将断裂构件沿断裂面进行合拢。

4.勾缝补全、做色：使用修复材料加石粉调至膏状。

（五）**木构件防腐、防火**

1.对于外露或表面需做彩画的木构件，采用复合木材防腐防霉防虫剂。

2.所有与灰背及墙体接触的木构件，如望板、木柱、博风等接触面一律涂刷木材防腐油。

3.待木构件做完防腐、防霉、防虫处理后，晾干，再进行防火处理，涂刷三遍NETT防火涂料。

（六）**油饰、彩画**

由于油饰、彩画施工材料及技术要求较为复杂，本文以表格形式表现，如表一所示。

（七）**其他项目**

1.院落地坪降土：考虑与大高玄殿院原有地面恢复统一设计（包括院落排水、管线铺设、地面铺装等），因此本次工程只包括台基修缮，不含室外散水及相邻院落地面铺装。

2.设备、电气、安防、技防等必要的系统：考虑与大高玄殿院所有建筑统一设计，因此本次工程只包括建筑本体修缮，设备、电气、安防、技防等系统引入不在本次工程范围之内。

表一 大高玄殿油饰、彩画施工材料及技术要求

建筑名称	部位名称		地仗做法	油饰做法	彩画类别做法	贴金做法	备注
乾元阁	擎檐部（外侧）	飞头、椽头、椽望	四道灰	刷三道朱色颜料光油			
		上枋	飞头、椽头：四道灰；椽望：四道灰	望板：刷三道土红色颜料光油。飞、椽肚：刷三道碌色颜料光油	飞头：片金万字 椽头：青地圆寿字	椽、飞头：贴库金	
		雕花板	四道灰		龙和玺彩画（无晕色）	贴库金	按残迹及内檐绘制
		折柱	一布五灰	刷三道二朱色颜料光油一道光油出亮		贴库金	按现状重绘
		下枋	一布五灰		龙和玺彩画（无晕色）		
		柱头	一麻五灰地仗		片金西番莲卷草	贴库金	按残迹及内檐绘制
		雀替（内外）	三道灰		木雕草纹饰为青、绿、香、紫四色金琢墨拶退	贴库金	按残迹及内檐绘制
		望柱	一布五灰	刷三道二朱色颜料光油一道光油出亮		贴库金	按残迹及内檐绘制
		寻杖栏杆	一布五灰	刷三道二朱色颜料光油一道光油出亮			
		净瓶	四道灰				
		中枋	一布五灰	刷三道二朱色颜料光油一道光油出亮			按现状重绘
		绦环板木雕纹饰	四道灰	刷三道二朱色颜料光油一道光油出亮			
		折柱	一布五灰	刷三道二朱色颜料光油一道光油出亮			
		地栿	一布五灰	刷三道二朱色颜料光油一道光油出亮			
	檐部外侧	上架大木	一麻五灰地仗		龙和玺	贴库金	现状保留、做除尘保护残缺部分按现状补绘整齐
		陡匾	一麻五灰	匾边刷三道二朱色颜料光油，匾心为扫青地		匾字、匾边贴库金	
		下架大木（柱、槛、框、踏板）	一麻五灰地仗	刷一道章丹，三道二朱色颜料光油，一道光油出亮		框线、皮条线、云盘线、掏环线贴库金	框线按现状恢复
		隔扇、槛窗	单皮灰	刷三道二朱色颜料光油，一道光油出亮		梅花钉扣贴库金	铜饰构件补配、除锈、做旧
	内檐	藻井					现状保留、做除尘保护
		天花、支条	一布四灰		坐龙天花，金琢墨拶退岔角	贴库、赤两色金	现状保留、做除尘保护残缺天花、支条按现状（表层）补绘整齐

续表

建筑名称	部位名称		地仗做法	油饰做法	彩画类别做法	贴金做法	备注
乾元阁	内檐	上架大木	一麻五灰地仗		龙和玺	贴库、赤两色金	现状保留、做除尘保护，残缺部分按现状补绘整齐
		包金土子墙面			重刷包金土子墙面，刷砂绿色大边，拉红白色粉线		按现状重绘
		下架大木（柱、槛、框、踏板、木板墙、楼梯）	一麻五灰地仗	刷一道章丹，三道二朱色颜料光油，一道光油出亮		按现状重做	
		顶板	一布四灰				裱糊银花纸
		隔扇、槛窗	四皮灰	刷三道二朱色颜料光油，一道光油出亮		按现状重做	
	平座层	滴珠板	一麻五灰	刷三道二朱色颜料光油，一道光油出亮		按现状重做	
		斗拱	三道灰				
		垫栱板	一布四灰	空地刷三道银朱色颜料光油			
		平板枋	一麻五灰		青地片金行龙	贴库金	根据外檐彩画残迹重新复制
		额枋	一麻五灰		龙和玺（无晕色）	贴库金	根据外檐彩画残迹重新复制
		柱头	一麻五灰		坐龙盒子	贴库金	根据外檐彩画残迹重新复制
坤贞宇	外檐	连檐、瓦口	四道灰	刷三道朱色颜料光油			
		飞头、椽头、椽望	飞头、椽头：四道灰；椽望：四道灰	望板：刷三道土红色颜料光油。飞、椽肚：刷三道碌色颜料光油。	飞头：片金万字 椽头：青地圆寿字	贴库金	
		上架大木	一麻五灰地仗		龙和玺（无晕色）	贴库金	现状保留、做除尘保护，残缺部分按现状补绘整齐
		陡匾	一麻五灰	匾边刷三道二朱色颜料光油，匾心为扫青地		匾字、匾边贴库金	
		下架大木（柱、槛、框、踏板）	一麻五灰地仗	刷一道章丹，三道二朱色颜料光油，一道光油出亮		框线、皮条线、云盘线、掏环线贴库金	框线按现状恢复指甲园线
		隔扇、槛窗	单皮灰	刷三道二朱色颜料光油，一道光油出亮		梅花钉扣贴库金	
	内檐	天花、支条	一布四灰		坐龙天花，金琢墨拶退岔角	贴库、赤两色金	现状保留、做除尘保护，残缺天花、支条按现状（表层）补绘整齐

续表

建筑名称	部位名称		地仗做法	油饰做法	彩画类别做法	贴金做法	备注
坤贞宇	内檐	上架大木	一麻五灰地仗		龙和玺	贴库、赤两色金	现状保留、做除尘保护
		包金土子墙面			重刷包金土子墙面，刷砂绿色大边，拉红白色粉线		按现状重绘
		下架大木（柱、槛、框、踏板、顶板、木板墙、楼梯）	一麻五灰地仗	刷一道章丹，三道二朱色颜料光油，一道光油出亮			按现状重做
		隔扇、槛窗	四道灰	刷三道二朱色颜料光油，一道光油出亮			按现状重做

3. 修缮后，对原有避雷设施的拆安，对原有檐部铜制护网的拆安。

（八）施工中应注意的事项

1. 应做好原始基础探查工作，如发现与图纸不符之处应及时通知设计单位现场解决，出示设计变更，在得到上级主管部门审批后，与设计洽商解决。

2. 应严格落实各阶段验收程序，并及时通知质检部门及设计人员到场实验。

3. 施工中使用的各种灰浆，应严格按传统工艺用生石灰泼制，禁止使用袋装石灰粉。

4. 修缮中木作、瓦石作、油饰均以传统操作工艺为主，各类材料规格质地亦应符合有关规范。

5. 施工中如遇未见问题应及时与设计方联系，设计方可以现场解答和处理。

七、修缮效果

乾元阁大木结构修缮后，内檐及外檐保存下来较为完整的清代彩画全部保存，未有伤及；明代（楠木）木构，大木构件全部保存；未落架进行的二层大木结构打牮、拨正，将二层的倒升、倒侧角等问题全面去除，虽未回归原位，但大木结构走闪隐患全面排除，恢复健康状态；椽、里口木等小构件最大程度修补，并且修缮中全部保留明代工艺特征；较小的、必要的结构补强，方法讨巧、隐蔽，效果明显。

本文通过对大高玄殿乾元阁修缮设计整个程序的梳理，力图阐释本项目对文物建筑的设计思想理念、病害勘查分析及处理方法，并结合修缮后的效果为同类的修缮设计提供一些借鉴和参考。

---

①杨新成：《大高玄殿建筑群变迁考略》，《故宫博物院院刊》2012年第2期。

②［明］刘若愚：《酌中志》卷一七，北京古籍出版社，1994年。

（作者单位：北京市古代建筑研究所）

《北京文博文丛》2021年总目录

北京史地

辽代高僧郎思孝与延庆缙阳寺…………………………… 杨程斌 范学新（2021.1）
北京正阳门更名时间小考………………………………………… 蔡紫昍（2021.1）
北上门的朝向是北向…………………………………………… 邢　鹏（2021.1）
黑山扈上义师范学校与栅栏圣母小昆仲会修院关系考………………… 陈欣雨（2021.1）
明清通州城城内空间布局复原研究………………………………… 程　呈（2021.2）
晚清至民国的门头沟煤业铁路建设初探……………………………… 靖　伟（2021.2）
明代房山云居寺刻经的相关问题探究……………………… 郭雅楠 张爱民（2021.3）
妙云寺详考：传说与图思德家庙…………………………………… 夏成钢（2021.3）
杏花、田园与耕织文化
——圆明园“杏花春馆”意境初探……………………………… 陈　红（2021.3）
唐幽州城“北市”的留痕………………………………………… 鲁晓帆（2021.4）
石景山区红色资源概述…………………………………………… 苗天娥（2021.4）

文物研究

辽代围棋运动钩沉………………………………………………… 陈晓敏（2021.1）
北京天坛圜丘坛建筑尺度研究……………………………………… 李忠义（2021.1）
明代太学生王鸿墓志考释…………………………………………… 张　珍（2021.1）
马坊村祖可法墓碑出土及相关生平整理……………………………… 张子航（2021.1）
清代公主园寝建筑彩画调查研究…………………………………… 曹振伟（2021.1）
海淀清代和硕庄亲王施地碑文考释………………………………… 鲍晓文（2021.1）
《潍县陈氏宝簠斋藏器目》稿本、抄本异同及辑录价值………………… 张祖伟（2021.1）
清末民国时期华侨出洋帖研究……………………………………… 罗佩玲（2021.1）
北京右安门明墓出土银作局花银及相关问题研究……………………… 王显国（2021.2）
崇祯时期仿制宣德炉艺术探究……………………………………… 徐　辉（2021.2）
从“熏笼”到清宫“火车暖床”的演变………………………………… 王文涛（2021.2）
清雍正年间王进驭夫妇墓志铭研究………………………………… 刘　涛（2021.2）
清代南皮张端城墓志考述…………………………………………… 徐文英（2021.2）
北京故宫藏清代银里花梨木雕花食盒赏析…………………………… 白　兰（2021.2）
绽而未放的水晶之花
——延禧宫西洋建筑灵沼轩装饰艺术特征……………………… 江寿国 李晓梅（2021.2）
詹天佑字号考辨…………………………………………………… 夏永丽（2021.2）
明保定侯梁珤墓志探析……………………………………………… 武　迪（2021.3）
明代御用监太监郭通墓志及相关研究……………………………… 柳　彤（2021.3）
北京孔庙藏康熙五十四年八卦纹鎏金编钟历史价值探析………………… 张　慧（2021.3）

按图索骥
——徐悲鸿两幅“相马”题材画作所涉民国教育史实钩沉………… 杜咏梅（2021.3）
房山区上方山《佛说四十二章经》刻石…………………………… 刘卫东（2021.4）
首都博物馆藏《颐和园建筑图》初探……………………………… 李 晴（2021.4）
颐和园画中游建筑群历史沿革及造园艺术浅析…………………… 张 颖（2021.4）

考古研究

东城区望坛项目元代墓葬发掘简报……………………… 北京市文物研究所（2021.1）
北京考古从“物”到“文”的转化趋势及考古学对于其他学科的作用
……………………………………………………………………………… 郭京宁（2021.2）
北京房山窦店镇唐代墓葬发掘简报
…………………………………………… 北京市文物研究所 房山区文化和旅游局（2021.2）
北京市延庆区菜木沟旧石器时代遗址调查简报
………… 北京市文物研究所 首都师范大学历史学院 延庆区文化和旅游局（2021.3）
北京大兴西红门汉唐窑址发掘简报……………………… 北京市文物研究所（2021.3）
清华大学发现三座西晋墓………………………………… 北京市文物研究所（2021.3）
北京地区西晋墓特点初步研究……………………………………… 孙 峥（2021.3）
北京市延庆区民主村唐墓发掘简报……………………… 北京市文物研究所（2021.4）
北京市朝阳区小红门金代墓葬发掘简报………………… 北京市文物研究所（2021.4）
中国政法大学清代墓葬发掘简报………………………… 北京市文物研究所（2021.4）
浅谈北京地区东汉魏晋墓葬考古中需要注意的几个问题…… 张利芳 张中华（2021.4）

博物馆研究

博物馆建立突发事件应急计划的国际经验…………………………… 王 茜（2020.1）
鲁迅：近代中国博物馆教育的践行者………………………………… 刘 昕（2021.2）
开启城市生活3.0时代
——北京发展博物馆之城初探……………………………… 孙 淼 刘元瑞（2021.2）
关于北京“博物馆之城”建设的几点思考…………………………… 李学军（2021.3）
博物馆“互联网+”跨界融合的若干思考分析 ……………………… 吴 千（2021.3）
中小型博物馆革命主题展览的策划实施与社会意义初探：以“丰碑不朽
——庆祝中华人民共和国成立七十周年北京地区红色石刻展”为例 王逸晗（2021.3）
百年红楼 惊艳再现
——北大红楼主题展展陈工作回顾与思考………………………… 黄春锋（2021.3）
大数据时代的博物馆信息化建设
——以故宫博物院信息平台为例…………………………………… 杨 喆（2021.3）
国内博物馆策展人制度理论与实践调查研究………………………… 陈克双（2021.4）
北京市大葆台西汉墓博物馆教育学课程设计的研究与实施………… 潘 婵（2021.4）

文物保护

北京工业遗产的价值构成…………………………………………………… 章永俊（2021.1）
圆明园舍卫城遗址夯土城墙盐分调查研究……………………………………………………
……………………………… 周　华 邹非池 金和天 张中华 周双林 张中俭（2021.1）
铁路文化遗产的保护与焕新
——以京张铁路三处遗址保护为例…………………………………………… 陈　哲（2021.1）
北京先农坛清代耤田（一亩三分地）文物保护展示工程…………… 孟　楠（2021.2）
探析徐悲鸿的文物保护观………………………………………………………… 刘　名（2021.2）
上庄东岳庙保护探略……………………………………………………………… 杨　帆（2021.3）
乾隆石经现状调查及保护措施…………………………………………………… 王琳琳（2021.3）
首都博物馆馆藏青铜器科技与传统融合保护修复浅述……………… 高新峰（2021.4）
北京通州区潞城镇后屯村战国墓出土玉石器的无损科技分析
…………………………………………………………………… 杨　菊 刘风亮 刘乃涛（2021.4）
大高玄殿乾元阁修缮设计研究…………………………………………………… 赵　星（2021.4）